AF453601

INTRODUCTION

A L'ÉTUDE

DE

L'HISTOIRE GÉNÉRALE.

IMPRIMERIE DE F. G. LEVRAULT,

RUE DES JUIFS, N.º 33.

INTRODUCTION

A L'ÉTUDE

DE

L'HISTOIRE GÉNÉRALE,

OU

PROGRAMME D'UN COURS

DONNÉ

A LA FACULTÉ DES LETTRES DE L'ACADÉMIE DE STRASBOURG,

PAR

CHARLES CUVIER,

PROFESSEUR D'HISTOIRE.

STRASBOURG,

CHEZ F. G. LEVRAULT, LIBRAIRE, RUE DES JUIFS, N.º 33.

PARIS, MÊME MAISON, RUE DE LA HARPE, N.º 81.

1830.

AVANT-PROPOS.

En publiant cette *Introduction à l'étude de l'histoire*, l'auteur n'a pas eu la prétention de faire un livre. Il a voulu présenter à ses élèves, une espèce de programme imprimé, de la partie générale de son cours, au lieu de leur dicter ce programme, comme il l'a fait jusqu'ici.

L'usage des dictées, malgré tous ses avantages, offre de graves inconvéniens. Il en résulte une perte de temps considérable, et le professeur, obligé de se restreindre dans ses développemens, peut rarement traiter d'une manière complète le sujet que doit embrasser son enseignement. C'est ainsi que chaque année messieurs les élèves ont eu à regretter, dans leurs études historiques, des lacunes qu'il était bien difficile d'éviter.

Quant à la nature du travail lui-même, nous nous excuserons sur son imperfection, en répétant que nous le considérons simplement comme un canevas, dont les diverses parties se trouvent liées par des transitions, au lieu d'être détachées et incohérentes. De là notre brièveté sur les points les plus importans; de là une foule d'autres points passés sous silence, dans ce cadre étroit, sauf à les faire ressortir et à nous y arrêter, plus ou moins, dans nos leçons.

Notre idée dominante a été d'offrir aux jeunes gens un aperçu d'ensemble sur la nature et la marche de l'histoire humaine, et de leur faire ainsi entrevoir la connexion intime et l'harmonie admirable qui existe entre toutes les parties de la science.

Nous avons rejeté à la fin du volume plusieurs appendices sur l'ethnographie, la chronologie et les ouvrages généraux, propres à faciliter l'étude plus détaillée du sujet. La liste de ces ouvrages est loin d'être complète. Nous en avons écarté une foule de livres spéciaux, dont les titres auraient trop enflé notre catalogue, ou qu'il n'entrait pas dans notre plan de citer.

Il nous reste à dire que nous restituons, à qui de droit, quelques réminiscences, ou citations partielles, que le lecteur pourra rencontrer dans le corps de ce travail, et qui s'y sont fondues avec nos propres idées.

INTRODUCTION

A L'ÉTUDE

DE

L'HISTOIRE GÉNÉRALE.

PREMIÈRE ÉTUDE.

Quelques vues générales sur la philosophie de l'histoire.

L'HISTOIRE de l'homme en général, ou d'un homme en particulier, l'histoire d'une nation, d'une société, de l'humanité en masse, est l'ensemble organique, l'exposé fidèle et vrai, de son développement ou de sa vie.

L'histoire se compose de faits qui résultent eux-mêmes de la nature de l'homme, des circonstances où il se trouve, des influences qu'il reçoit, de la réaction et du jeu de ses facultés.

Tout fait, quel qu'il soit, est l'enveloppe,

le symbole, l'expression d'une idée, de quelque chose de spirituel, qui lui fait la loi, qui le régit et le domine. Il est à cette idée ou à cette loi, ce que la lettre est à l'esprit, la forme à l'essence, la parole à la pensée.

La Philosophie de l'histoire s'attache à faire ressortir, à classer, à appliquer ces idées, ces lois qui président à la marche de l'histoire humaine.

L'idée qui s'offre en première ligne et qui embrasse toutes les autres, est celle qui domine le grand fait de l'univers lui-même, l'idée de Dieu et de sa Providence, de l'Être absolu, parfait, infini, principe éternel et toujours vivant de toute existence créée. Il importe d'aborder la science historique avec la foi profonde en cette intelligence suprême et substantielle, qui a créé l'univers par sa puissance, qui le gouverne par sa sagesse, pour laquelle il n'y a ni aveugle fatalité, ni hasard, dont les vues tendent au bien et à la perfection de l'ensemble et de ses parties, et qui sait tout réduire à l'accomplissement de ses desseins.

Ce principe éternel reconnu et posé, l'histoire entière nous apparaîtra comme un drame immense, qui aura son unité, son but, ses différens actes, ses péripéties, et dont chaque scène, chaque rôle, chaque personnage et chaque parole, nous offrira un sens d'autant plus profond, un intérêt d'autant plus grave, que nous saurons tout rattacher au plan du grand artiste qui l'a conçu.

Une condition seulement ne doit pas être oubliée; c'est que pour goûter le poème et pour comprendre l'artiste, il faut s'élever assez haut pour sympathiser avec le génie, ses conceptions et son langage; et que, par conséquent, nul ne peut reconnaître et adorer la Providence dans l'histoire, s'il ne tend sans cesse à se mettre en rapport avec elle par les lumières de l'esprit, par la pureté du cœur, par la recherche et la pratique consciencieuse de ce qui est bien.

Une autre base essentielle de la philosophie de l'histoire, c'est la connaissance de
l'Homme. Dans ce drame significatif et ma-
jestueux qui se déroule sous la conduite de la
Providence, c'est l'Humanité dans son ensemble et dans ses membres qui paraît en scène.

Doué de sensibilité, d'intelligence et de
cette activité libre qui est le principe de la
volonté, de la personnalité et de tous ses développemens, l'homme, être spirituel et physique, reçoit en lui, élabore, digère, tantôt
instinctivement, tantôt d'une manière réfléchie, les impressions et les influences qui le
pressent, l'assiègent et le travaillent de toutes parts. Il absorbe et désire perpétuelle-
ment, rayonne sans cesse au dehors, se met
en rapport avec tout ce qui est à sa portée,
l'aime ou le hait, le recherche ou l'évite, soit
avec calme, soit avec passion, le modifie
par son énergie créatrice, produit, comme
cause libre et intelligente, des effets qui portent l'empreinte de sa personnalité et de son

génie, s'approprie le résultat de son action, et poursuit ainsi, dans une sphère d'activité plus ou moins bornée, ou plus ou moins vaste, plus ou moins pure ou impure, son développement historique.

Toutes les parties de ce développement sont dominées par le besoin général de la vie physique, intellectuelle et morale, qui, sous mille formes diverses, travaille l'existence des individus, préside à l'origine et au maintien de la société, et dont les diverses phases se manifestent entre autres dans les besoins particuliers de l'utile, du beau, du vrai, du juste et du saint. C'est à la satisfaction de ces besoins, de ces goûts essentiels, et aux jouissances qui l'accompagnent, que tend l'activité toujours renaissante de l'homme.

Là où cette activité, tant individuelle que sociale, est en progrès, relativement aux moyens de satisfaire convenablement les besoins fondamentaux dont on vient de parler, là est ce qu'on appelle Civilisation. Mais nulle part cette civilisation n'est complète; nulle part l'humanité n'est parvenue au terme du progrès dont elle est capable, et qu'elle se sent appelée à poursuivre dans une vie à venir. La civilisation dont s'occupe l'histoire, est donc toujours relative; pour la juger et l'apprécier, il faut avoir devant les yeux un idéal de perfection qui supposerait le développement libre, complet, harmonique et légitime de toutes les facultés, de toutes les capacités humaines dans leur rapport avec l'utile, le beau, le vrai, le juste et le saint. Dans une telle civilisation les besoins de l'utile et du beau seraient constamment réglés par ceux du juste et du vrai; et le besoin du saint, le goût du divin, viendraient les vivifier, les épurer tous. En d'autres termes, la vie animale serait réglée, ennoblie par la vie esthétique et rationnelle, et l'une et l'autre seraient subordonnées à la vie morale et religieuse dans sa plus grande pureté.

L'humanité en masse avance vers cet idéal,

dont le type réside dans un monde plus haut; la Providence l'y conduit, et préside à sa marche, qui paraît souvent incompréhensible et embarrassée, mais qui n'en est pas moins admirable et sûre. C'est l'œuvre lente des siècles, qui se succèdent les uns aux autres, se transmettent, comme un héritage qu'ils ont accru, les trésors de l'expérience et de la sagesse du genre humain, et concourent à faire éclore, selon l'ordre providentiel, tous les germes de vie que recèle dans son sein le vaste organisme de l'humanité.

En effet, le développement historique de l'humanité s'opère dans le temps; les diverses phases en sont successives, comme celles de la plante, qui se couvre tour à tour de feuilles, de fleurs et de fruits, et elles se dessinent au milieu des événemens les plus nombreux et les plus variés. Mais il n'y a pas là seulement un simple ordre de succession. Le moment actuel est gros de celui qui va suivre. Les divers progrès et développemens s'engen-

ordonnés d'après leur ordre hiérarchique et leur importance morale.

L'historien qui veut pénétrer jusqu'au fond dans la philosophie de l'histoire, doit avoir passé individuellement par toutes ces phases, les avoir toutes plus ou moins expérimentées en lui-même, et pouvoir ainsi sympathiser sur tous les points avec l'humanité, à quelque degré de développement qu'il la considère. C'est à cette seule condition qu'il pourra se rendre compte d'une manière complète et impartiale, de l'esprit caractéristique de chaque époque; esprit qu'il devra consciencieusement étudier, en portant son attention sur le langage, les institutions et les mœurs, sur la vie matérielle et spirituelle des nations, sur leur culture, sous le rapport de l'industrie, du commerce, de l'art, de la science, du droit, de la philosophie, de la religion, etc.

Le développement historique de l'homme se manifeste dans l'espace de la même manière qu'il apparaît dans le temps.

Jeté par la cause première au milieu de la nature créée, l'homme en reproduit non-seulement jusqu'à un certain point la marche et les procédés, sous une forme plus haute, dans son propre développement; mais c'est encore par l'intermédiaire de cette nature qu'il reçoit en partie l'impulsion vitale et providentielle qui, sous mille formes diverses, vient féconder et diriger son énergie, sa force native. Il est en grande partie dominé par cette nature dans les périodes de spontanéité; il apprend à la maîtriser et à la vaincre de plus en plus dans les périodes de réflexion; enfin, tout en conservant sa supériorité et en augmentant son empire, comme être libre, sensible et intelligent, il doit tendre, dans les périodes mixtes ou combinées, à mettre sa propre action dans un accord plus parfait avec celle de la nature, qui, comme lui, est régie par les lois de la Providence.

C'est en vertu de ces lois si sages et si admirables, que les diverses régions du globe se trouvent distribuées et constituées de manière à ce que l'humanité puisse s'y développer sous toutes les faces. Ici, la nature des lieux, du climat, des productions, etc., imprime à la vie individuelle et sociale un caractère d'uniformité, de fixité, d'habitude, qui se reproduit plus ou moins à travers les siècles. Là, cette même nature du climat, des lieux, des productions, invite à l'activité, à la variété, au mouvement, favorise et provoque les développemens les plus divers, les plus opposés, et fait plus particulièrement de certaines régions un foyer d'où rayonnent au loin toutes les influences que l'homme est capable d'exercer. Ailleurs, enfin, se trouvent rapprochées, réunies, toutes ces conditions naturelles, toutes ces circonstances géographiques, et c'est sur un tel théâtre que la civilisation peut arriver à la fois au plus haut point de progrès et de fixité.

On voit par ce qui précède, qu'il doit exister un rapport intime et harmonique entre

les phases principales du développement humain dans le temps, et les divers théâtres sur
lesquels peut avoir lieu ce développement
dans l'espace. La spontanéité et l'instinct doi-
vent de préférence exercer leur impulsion
vague et leur empire mystérieux sur un théâtre favorable à l'uniformité, à la fixité, à
l'habitude. La réflexion doit prédominer dans
les lieux où tout est favorable à l'activité et
au mouvement. L'accord entre la spontanéité
et la réflexion doit se trouver principalement
là où toutes les circonstances physiques
se marient harmoniquement, et prêtent à
l'homme tous les secours dont il a besoin.

Si d'une part l'homme est influencé par le
temps, ainsi que par la nature qui l'environne, quoiqu'il modifie cette nature en lui
imposant plus ou moins sa forme; de l'autre,
il l'est encore davantage par le commerce
qu'il entretient avec ses semblables, et dans
lequel il trouve la vie élaborée sous les formes les plus propres à sympathiser avec ses

besoins. Aussi l'homme n'est point fait pour se développer dans l'isolement. Il est né sociable de sa nature, tout comme il est né libre, sensible et intelligent. D'une part, la division de l'humanité en deux grandes sections égales, qui ont chacune leurs fonctions et leurs caractères distinctifs sous les rapports physiques, intellectuels et moraux; de l'autre, leur attrait mutuel, leur tendance à s'aimer, à s'unir, à chercher dans la fusion intime de leur vie matérielle et spirituelle le complément réciproque de leur existence respective et le perpétuel renouvellement de l'espèce, indiquent assez que la société de famille, la première de toutes dans l'ordre chronologique et le type de toutes les autres, constitue en soi une institution providentielle, et doit être considérée comme le premier développement du grand organisme social, qui a ses racines dans la nature de l'homme elle-même. Cet organisme se ramifie de mille manières pour enfanter les sociétés privées et publiques, religieuses et morales, politiques et civiles, littéraires et scientifiques, industrielles, commerciales et économiques, selon la nature des besoins qui président plus particulièrement à leur formation.

Auquel de ces corps sociaux que l'homme appartienne, dans quelque rapport qu'il se trouve avec ses semblables, tous ses développemens individuels concourent à ceux de la société dont il est membre, tandis que ceux de la société retentissent en lui et agissent sur lui d'une manière plus ou moins directe. Ainsi, dans sa vie physique, il subit déjà les conséquences de sa filiation, de sa parenté, pour ce qui concerne le tempérament et les dispositions naturelles. Sa vie intellectuelle et morale est influencée non-seulement par les mêmes rapports de famille et de race, mais encore par une foule d'autres circonstances sociales, qui viennent de toutes parts rayonner sur lui, au moyen du langage, de la tradition et de l'exemple.

De là cette ressemblance et cette sympathie plus ou moins profondes entre les membres d'une même famille, les familles d'une même tribu, les tribus d'une même nation, les nations d'une même race, d'une même époque, d'une même région physique; sympathie qui devient si puissante sous les noms d'esprit de famille et d'esprit de corps, d'esprit de parti ou de secte, de patriotisme, d'esprit national, d'esprit du siècle, etc., etc.

Une telle ressemblance, une telle sympathie, une telle direction commune vers la même unité organique, tend sans cesse à opérer dans le corps social, quel qu'il soit, cette harmonie intérieure qui en constitue la force et en développe le bien-être.

Mais indépendamment de leur tendance générale et sympathique vers une civilisation commune ou analogue, les divers membres d'une société, les nations, les peuples, les hommes d'une même époque, ont encore entre eux des différences d'esprit et de carac-

tère, qui constituent leurs physionomies res-
pectives, déterminent l'idée particulière qu'ils
sont appelés à développer dans l'histoire, leur
assignent ainsi à chacun un rôle spécial à
jouer, et impriment à tous leurs développemens, à toutes les branches de leur civilisation, un cachet particulier et distinct. De là
une variété admirable dans l'histoire de l'humanité.

Les tendances spéciales, l'esprit caractéristique, les idées propres, qui distinguent
ainsi les différentes sociétés, les différens peuples, ont toujours quelque chose de plus ou
moins exclusif, et cherchent à se développer
jusque dans leurs dernières conséquences. Il
en résulte des contacts hostiles, des luttes
fréquentes, où se manifeste au grand jour le
misérable égoïsme, principe du mal enraciné
profondément dans notre nature. Une fois
poussés par ce principe de disharmonie et de
trouble, les individus et les masses cherchent
à substituer l'intérêt individuel à l'intérêt gé-

néral, le bon plaisir et le caprice à la justice éternelle, l'arbitraire humain à la loi morale qui fonde le droit, à la volonté providentielle. La sympathie commune, l'harmonie sociale est troublée, et là commence le règne de la guerre, qui marque par des victoires, des défaites, des révolutions de tout genre, les crises naturelles de l'histoire humaine.

Quel que soit d'ailleurs le résultat de ces luttes sociales, où l'erreur et les passions égoïstes jouent un rôle si déplorable, elles sont, pour qui sait les juger d'un point de vue élevé, des épreuves souvent nécessaires, qui concourent, entre les mains de la Providence, au bien de la civilisation, en entretenant l'activité et le mouvement, puissans auxiliaires de tout développement et de tout progrès. Elles mettent aux prises la vérité et l'erreur, le bien et le mal, le fait et le droit ; elles amènent à la longue le triomphe de l'idée ou de la cause qui est le plus en harmonie avec les besoins de l'humanité et avec la loi providentielle qui régit le monde des intelligences.

C'est ainsi que les sociétés et les institutions en décadence sont, ou conquises et absorbées par celles qui sont en progrès, ou tellement stimulées par l'opposition, que leur énergie native reprend un nouvel essor ou, enfin, retrempées graduellement, restaurées et rajeunies par l'introduction d'élémens nouveaux, qui amènent de nouvelles formes, de nouveaux développemens.

Dans tous les cas, ces crises historiques qui se font sentir à toutes les époques, chez tous les peuples, dans tous les élémens de la civilisation de ces peuples, s'opèrent non-seulement sous l'influence des masses et de l'esprit qui les anime, mais encore sous la conduite de certains individus qui représentent ces masses, leur inspirent une profonde sympathie, les entraînent sur leurs pas, et sont, avec toute la puissance de leur génie individuel, l'expression fidèle de leur temps et de la société dont ils sont membres. Ce sont les hommes de génie qui marchent à la tête de tous les grands mouvemens de la civilisation, et qui, représentans d'une idée, d'une cause quelconque, ont souvent à combattre d'autres grands hommes, représentans de l'idée de la cause contraire. Les grands hommes sont rares : suscités par la Providence, ils paraissent et disparaissent à propos, laissant à d'autres le soin de continuer, de développer ou de modifier leur ouvrage.

Chaque membre de la grande famille humaine est appelé, non pas à faire partie de cette troupe d'élite qu'on nomme les grands hommes, mais à concourir de tous ses moyens et dans la sphère d'activité qui lui est échue, au progrès de la civilisation, c'est-à-dire au perfectionnement intellectuel, moral et religieux de ses semblables et de lui-même. Heureux qui sait reconnaître et embrasser, de toutes les puissances de son être, la noble vocation que la Providence nous assigne à tous ; qui,

conformément à cette vocation, travaille consciencieusement à faire régner l'harmonie en
lui et hors de lui ; qui s'efforce d'agir toujours
de manière que le motif de ses actions puisse
devenir, dans tous les cas, un principe de
législation universelle ; qui recherche l'utile
et le beau, en les subordonnant à la vérité
et à la justice, et qui, plein de foi en une existence future où s'achèvera l'œuvre de régénération, commencée ici-bas, épure toute sa vie
par l'amour de ce qui est divin. C'est en
suivant cette voie, que l'homme, comme
membre de sa famille, remplit dignement sa
mission ; que le citoyen honore sa patrie et
la rend heureuse ; que les rois et les chefs
de peuples méritent la solide gloire et la légitime puissance ; que l'homme de génie et de
talent devient l'ornement et le bienfaiteur de
l'humanité ; que l'homme, quel qu'il soit, at-
teint sa destination, renaît à l'image de son
créateur, et se rend digne d'être membre de
son éternel royaume.

SECONDE ÉTUDE.

La géographie physique dans ses rapports avec l'histoire.

L'homme et l'univers sont l'ouvrage d'une même puissance, d'une même sagesse éternelle. Des rapports profonds, une admirable harmonie existent entre le développement de l'un et de l'autre. Le ciel d'azur et les mondes brillans dont il est peuplé ; le globe que nous habitons et qui tient si peu de place parmi tous ces mondes ; cette nature variée qui nous environne, au sein de laquelle nous vivons et sur laquelle nos facultés nous donnent un si grand empire, viennent se réfléchir sous une forme plus spirituelle, plus libre et plus haute dans l'histoire de l'humanité.

Pour apprécier, dans toute son étendue, la vaste portée des phénomènes naturels, considérés dans leur liaison avec le développement de notre espèce, il faudrait les connaître tous, en saisir tous les rapports, en connaître toutes les lois, en pénétrer la vertu cachée, et de plus embrasser en même temps d'un regard toutes les phases historiques de l'homme, s'élevant, par une progression continuellement ascendante, de la nécessité qui domine dans la nature matérielle, à la liberté morale des intelligences.

Cette tâche est digne d'occuper l'esprit de l'homme. Tout ce que nous savons, il est vrai, est encore tronqué, partiel, incomplet; mais ces fragmens de connaissances suffisent déjà pour nous donner la clef d'un ouvrage devant l'auteur duquel tout notre être doit s'incliner avec respect.

La terre, séjour actuel de l'homme, a, comme tous les êtres, sa vie progressive, qui est en rapport d'action, de réaction et de sympathie harmonique, avec la vie ou l'histoire de ses habitans. Placée sous l'influence des corps célestes, et principalement du soleil, qui est le centre de notre système planétaire, elle est avec eux dans des rapports astronomiques et physiques, tous plus importans les uns que les autres. Sa configuration, sa grandeur, ses mouvemens réglés par les lois de la gravitation, sa position relativement au soleil, son voisinage de la lune, enfantent à eux seuls une multitude de phénomènes et d'effets divers. De là, par exemple, la répartition et les effets si variés de la lumière et des ténèbres, du chaud et du froid, du sec et de l'humide, des gaz, des météores, des fluides électrique, magnétique et d'autres principes cachés dont l'action nous est moins connue. Joignez-y l'attraction terrestre, les affinités chimiques, la nature géologique du globe et des différentes espèces de terrains; la distribution inégale et si diverse des terres et des mers; l'enchaînement, la forme, l'élévation et la direction des montagnes, des plateaux, des bassins, des vallées, des plaines; la répartition des eaux intérieures, des lacs, des fleuves, des rivières, des sources; leur direction et leurs propriétés; l'état brut

du sol, ou son état de culture; les productions des trois règnes, avec leur nature, leurs
propriétés, leurs usages, leurs rapports mu-
tuels; et vous aurez à peu près l'ensemble des
principales circonstances physiques, au sein
desquelles et en harmonie avec lesquelles se
développe l'homme individuel et social.

De la combinaison de ces différentes circonstances entre elles et avec la nature humaine
en développement, résulte l'accord infiniment
varié du climat, des lieux et de leurs produits
caractéristiques, avec les dispositions physiques, intellectuelles et morales des individus
et des peuples. L'homme, en effet, est à la fois
passif et actif au milieu de cette multitude de
formes qu'affecte autour de lui la nature. Il
réagit de toutes les puissances de son être vers
cette nature qui le stimule et dont il est le complément ascendant; il profite des avantages
qu'elle lui offre; il lutte contre les obstacles
qu'elle lui présente; il la travaille, la tor-
ture, l'exploite en tous sens, et lui fait subir

peu à peu des métamorphoses qui portent le cachet de sa propre nature, et viennent changer ou modifier les influences qu'il en recevait, ainsi que les rapports de physionomie qui l'unissent à elle.

Déjà des métamorphoses et des changemens d'un autre ordre avaient eu lieu au sein et à la surface du globe, avant que l'homme fût appelé à le peupler. Sur tous les points de la terre se trouvent d'éclatans vestiges de révolutions physiques, survenues à des époques différentes, et dont les traditions cosmogoniques et mythologiques de tous les peuples ont conservé le souvenir. Ces révolutions, dont les unes paraissent avoir été subites et violentes, les autres lentes et successives, ont eu pour agens toutes les forces de la nature, principalement l'eau et le feu, et ont amené peu à peu la terre à l'état où elle devait être pour recevoir la création organique, et en dernier lieu l'espèce humaine. La dernière grande catastrophe de ce genre, connue sous le nom de déluge, est même postérieure d'une longue suite de siècles, à l'apparition de l'homme sur le globe. Jusqu'à quel point cette inondation fameuse a modifié la surface de notre planète, c'est ce qu'il est impossible de déterminer. Ce qui paraît constant, c'est qu'à dater de cette époque, une période de calme a succédé à une période de bouleversemens; et c'est à la faveur de cette stabilité, troublée seulement depuis par des phénomènes partiels, que le genre humain a pu jouer pleinement le rôle supérieur qui lui appartient dans la vie de ce monde, et devenir ce que nous le voyons aujourd'hui.

Tel qu'il est sorti des mains du Créateur et de la lutte des élémens, notre globe présente, dans sa constitution géographique, des traits variés et saillans, qu'il importe à l'historien d'étudier.

Si nous le considérons sous un point de vue général, nous voyons que sa surface est pour ainsi dire une vaste mer, dans laquelle se trouvent situées un grand nombre d'îles, dont la grandeur varie depuis les dimensions les plus colossales jusqu'à des étendues imperceptibles. Deux de ces îles portent le nom de Continens. Celui qu'habitent les nations les plus anciennement civilisées, s'appelle l'Ancien Continent ou l'Ancien Monde, et renferme l'Asie avec l'Europe et l'Afrique. Le Nouveau Continent est tout entier compris sous le nom d'Amérique, quoique la nature l'ait partagé en deux péninsules bien distinctes. Au milieu du plus vaste bassin aquatique s'élève, comme un troisième continent, la Nouvelle-Hollande, avec les îles innombrables et les archipels de l'Océanie.

Une circonstance remarquable, c'est que les terres sont accumulées vers le nord, tandis que l'hémisphère austral est plus particulièrement occupé par la masse des eaux, qui recouvre à peu près les trois quarts du globe. D'un autre côté, quoique les pointes et les péninsules soient presque toutes tournées vers le sud, cependant la direction générale des terres est totalement différente dans les différens continens : le nouveau s'étend d'un pôle à l'autre ; la direction de l'ancien est plus parallèle à l'équateur. Mais d'autres circonstances essentielles caractérisent encore, d'une manière bien plus spéciale, les diverses parties du monde, et impriment à l'histoire de chacune d'elles une physionomie distincte.

Brûlé constamment par les feux de la zone torride, le continent africain, plus haut, plus montueux au midi, moins élevé et généralement plat vers le nord, présente une masse isolée, compacte, peu pénétrable, où d'immenses et arides déserts de sables alternent avec des contrées fertiles, où la stérilité contraste avec une végétation magnifique et exubérante, et dont les contours uniformes, environnés du vaste Océan, ne donnent que peu d'accès aux golfes, aux baies et aux mers méditerranées. Si quelques fleuves, gonflés et desséchés périodiquement par les pluies et les ardeurs des tropiques, descendent des montagnes et des plateaux de l'intérieur, ces fleuves sont en trop petit nombre, pour donner une grande activité aux communications sociales. Aussi les noires populations africaines, influencées par toutes les circonstances locales dont on vient de parler, et par d'autres moins saillantes ou moins connues, sont-elles restées jusqu'ici, à quelques exceptions près, dans un état d'enfance, auquel il est impossible d'assigner un terme. Là, prédominent la spontanéité, l'instinct et la vie physique; l'homme est esclave de ses appétits, de ses passions, de ses habitudes, de la nature qui l'environne, et des causes morales, puissantes, venues du dehors, paraissent seules pouvoir donner une impulsion victorieuse à la civilisation de ces contrées. Si jadis l'Éthiopie, l'Égypte et les côtes de la Méditerranée jusqu'au pied de l'Atlas, jouèrent un si grand rôle dans l'histoire, elles le dûrent probablement, en partie, à la Méditerranée et au Nil, à leur voisinage de l'Asie et de l'Europe, au mélange de leurs habitans avec des races plus avancées, et à l'importation d'une civilisation étrangère. Cette importation s'est renouvelée à différentes époques ; elle s'est opérée d'abord par les Asiatiques, ensuite par les Grecs et les Romains, puis par les Arabes mahométans dans le moyen âge, et c'est aux peuples chrétiens que semble réservé de poursuivre dorénavant, dans la suite des siècles, l'œuvre si lente et si difficile de la civilisation africaine.

Voisine de l'Afrique, dont elle n'est séparée que par l'isthme de Suez et la mer Rouge, l'Asie est située presque tout entière sous la zone tempérée du nord, et présente à la fois tous les contrastes sous le rapport des lieux et sous le rapport du climat. Au centre s'élève un immense plateau, dominé par les plus hautes montagnes du globe ; ses plaines, balayées par des vents froids et constans, privées à peu près entièrement d'eaux courantes, forment des déserts étendus, plus ou moins arides et impénétrables, sans culture, sans bois, propres seulement aux pâturages, et nécessairement habités par des peuples pasteurs et nomades.

Au nord du plateau s'inclinent, vers la mer glaciale, les pentes d'un vaste système de montagnes, dont les ramifications s'étendent en différens sens, et dont les vallées et les gorges laissent échapper des fleuves qui vont arroser le sol ingrat, les plaines froides et généralement humides de la Sibérie. La pêche, la chasse, le soin des troupeaux, sont les occupations des pauvres peuplades de l'Asie septentrionale, dont quelques tribus seulement peuvent se livrer à l'agriculture.

Sur le revers oriental du plateau qui forme le noyau de l'Asie, s'abaisse une troisième région physique, à laquelle appartiennent la montueuse et froide Tartarie chinoise, la Chine aux nombreuses rivières et aux grandes plaines humides, le Japon et les îles voisines.

Là se rencontrent, selon la proximité des montagnes, la hauteur du sol, le degré de latitude ou le voisinage de l'océan, les climats les plus divers, les températures les plus variées. Les habitans de cette région, qui présentait à la fois beaucoup d'obstacles et beaucoup d'avantages à l'homme, se sont multipliés prodigieusement, et sont en général industrieux et actifs.

Au sud-ouest de la région orientale, au pied du massif de montagnes qui termine au midi la région haute du continent, et qui forme en particulier le plateau fameux du Thibet, s'étendent jusque sur les bords de la mer, et se prolongent, en deux péninsules au-delà du tropique, les pays délicieux de l'Inde. Une multitude de grands fleuves et de rivières les arrosent ; des chaînes de montagnes contribuent, avec le voisinage de l'océan et certains vents périodiques, à tempérer l'ardeur du soleil, et la fertilité prodigieuse du sol, jointe à la douceur du climat, concourt à plonger dans l'indolence et la mollesse les peuples sédentaires de ces contrées.

Enfin, une cinquième région physique occupe l'occident de l'Asie : elle est composée principalement de plateaux sablonneux et plus ou moins élevés, liés entre eux par différens groupes de montagnes, et se prolonge depuis les hauteurs de la Tartarie indépendante et de la Perse jusque sur les bords de la mer Méditerranée. Sèche et même aride en quelques endroits, cette région, très-fertile sur d'autres points, jouit d'une atmosphère sereine, uniforme, généralement échauffée par le voisinage et les reflets brûlans de l'atmosphère africaine. Elle a peu de grands fleuves et de rivières, comparativement aux trois régions précédentes; mais elle présente, dans la disposition de ses côtes échancrées et resserrées par les mers, des avantages inappréciables pour l'activité, le mouvement et les communications commerciales. Elle est habitée par des peuples en partie nomades,

en partie sédentaires et agricoles, et com-
merçans.

Tel qu'on vient de le décrire, le continent
de l'Asie, patrie probable des plantes céréales
et des animaux domestiques, fut le berceau
du genre humain, et porte à bon droit le nom
d'Orient, sous le rapport de la civilisation
comme sous le rapport physique. C'est là
que l'humanité a pris son premier élan; c'est
là qu'elle a passé sa première enfance sous
la conduite de la Providence et de la nature;
qu'elle s'est abandonnée tout entière à ses
tendances les plus poétiques et les plus su-
blimes, comme à ses instincts les plus maté-
riels; qu'elle a parcouru tous les degrés de
développemens par lesquels elle devait passer, en restant en rapport avec une nature
moins tyrannique, il est vrai, que celle du
continent africain; mais plus uniforme, plus
fixe et plus immobile que celle de l'Europe.
Cette fixité, cette immobilité, cette uniformité, se retrouvent, avec différentes nuances,

dans la civilisation plus ou moins station-
naire de chacune des grandes régions de l'Asie.
Partout sur ce continent se fait sentir de nos
jours, comme aux premiers jours du monde,
la force de la routine et de l'habitude, tandis que les élémens de civilisation, transpor-
tés d'Asie en Europe, ont reçu progressive-
ment tous les développemens, toutes les formes les plus variées sous l'influence d'autres
circonstances locales, dont sait profiter le
génie libre des Européens.

Quoique l'Europe, en effet, soit par son
étendue la moins considérable des trois parties de l'ancien monde, elle l'emporte sur toutes les autres sous les rapports intellectuels et
moraux, politiques et industriels. La nature
a peut-être favorisé, par l'abondance et la
beauté des productions, quelques contrées de
l'Asie et de l'Afrique; mais pour tout ce qui
est l'ouvrage de l'homme, les peuples occidentaux ont acquis une supériorité incontes-
table. Le climat en général tempéré des lieux

qu'ils habitent, la nature du sol partout assez fertile pour fournir aux besoins de la vie, mais pas trop cependant pour dispenser d'un travail suivi, les appelait à jouir des bienfaits d'une civilisation dont l'activité est la base et le principe conservateur. Tout les invitait à la vie sédentaire et agricole, et si de grandes migrations eurent lieu parmi ces peuples, elles eurent constamment pour résultat des établissemens fixes et un perfectionnement effectif.

Toutes les parties de l'Europe participent à cette supériorité; mais les pays du sud l'atteignirent long-temps avant ceux du nord. Ce continent est divisé en deux grandes régions, la basse et la haute Europe. Depuis l'extrémité occidentale de la péninsule hispanique jusque sur les bords de la mer Noire s'étend une suite de terres élevées et de montagnes, qui présentent une grande variété de pentes et de coupes. La région située au nord de ces chaînes forme, depuis les bords de l'océan jusqu'aux monts Ourals, depuis les îles de la Grande-Bretagne jusqu'aux rives de la mer Caspienne, une plaine immense, qui s'ouvre aux influences alternatives de l'atmosphère océanique et de l'atmosphère sibérienne. Les terres de cette région sont peu élevées, beaucoup moins froides et plus habitables que le plateau central de l'Asie, situé sous la même latitude. Des rivières et des fleuves nombreux y favorisent l'agriculture et le commerce, tandis que les eaux de l'Océan en baignent les côtes, forment au nord des golfes profonds, et favorisent de leur côté l'activité et le mouvement des populations.

Au sud des Pyrénées, des Cevennes, des Alpes et des chaînes qui en forment le prolongement jusque sur les confins de l'Asie, s'incline vers la mer Méditerranée, sous l'influence de l'atmosphère africaine, tempérée par cette mer, la région méridionale de l'Europe. Favorisée de la nature, elle offre des côtes profondément sinueuses, et ses trois presqu'îles principales, baignées par la mer Méditerranée, joignent aux agrémens d'un beau ciel, d'un climat heureux, toute la fertilité des pays situés plus au nord. C'est dans cette région du sud, et sous l'influence de l'Asie et de l'Afrique, que naquit la civilisation grecque et romaine, dont les montagnes de la haute Europe furent long-temps le boulevard contre les barbares septentrionaux. Mais l'activité et le mouvement, dont ce continent est naturellement le théâtre, ont fini par mettre en rapport les populations des deux régions opposées, qui dès-lors marchent en commun vers un même développement. Tourmentés sans cesse par ce besoin d'activité, de mouvement et de progrès, les peuples occidentaux se sont approprié les richesses physiques, intellectuelles et morales de tout l'univers; ils ont tout adopté, tout modifié d'après leur génie libre et réfléchi, et, non contens d'en jouir sur leur sol natal, ils portent au loin, dans toutes les parties du

monde, leur civilisation expansive; ils s'effor-
cent de rendre à l'Asie ce qu'ils en ont reçu,
mais sous une nouvelle forme; ils tentent
d'éclairer l'Afrique, moins accessible à leur
influence; et déjà ils ont doté l'Amérique
d'un imposant avenir. Quant au monde océanique, il existe à peine pour l'histoire; mais
son éducation sera l'ouvrage des mêmes maîtres. Qui sait même si, après avoir achevé
le tour du globe, la civilisation ne nous re-
viendra pas plus radieuse sous une teinte
orientale, dont l'Européen devra la dépouil-
ler de nouveau, pour la transmettre encore
une fois aux peuples qu'éclaire le soleil cou-
chant?

Formé de deux grandes péninsules, qui
sont liées l'une à l'autre par un long isthme
de roches primitives, le nouveau monde étend
du nord au sud son immense surface, et présente des caractères qui lui sont propres; à
l'est ses côtes se dessinent en une ligne courbe,
tantôt rentrante et tantôt saillante, dont les

enfoncemens donnent naissance à des mers
méditerranées, au sein desquelles peut se
déployer l'activité des nations. Ces golfes, et
en particulier celui du Mexique, avec les îles
qu'il renferme, ont leur ouverture du côté de
l'Europe, comme pour recevoir plus facilement la civilisation de l'ancien monde. Le
côté opposé de l'Amérique offre un rivage
uniforme, et ne présente qu'aux extrémités
quelques dentelures. Le grand Océan oriental
le baigne dans toute sa longueur. Vers cette
côte, moins essentiellement propre à l'activité, s'inclinent les pentes escarpées d'un plateau longitudinal, auquel se rattachent à
peine les montagnes des États-Unis et du
Mexique, et que dominent, d'une région po-
laire à l'autre, les sommets des Cordillières
avec leurs prolongemens. Tantôt assez large,
tantôt très-étroit, ce plateau descend par des
pentes également rapides et brusques vers
les plaines immenses et très-basses qui le sépare de l'océan Atlantique, et qu'arrosent

une multitude de fleuves. De là deux climats distincts, celui de la région haute et celui des régions qui s'étendent au pied des montagnes jusque sur le bord de la mer. Très-froide aux extrémités, la partie élevée du continent jouit sous les tropiques d'une température printanière, favorable au développement de toutes les richesses du sol. Plus chaud, et en même temps plus humide et plus mal-sain, le climat des terres basses n'est pas moins favorable à une végétation vigoureuse, abondante et extrêmement riche en sucs nourriciers. Mais nulle part, dans ces contrées, les ardeurs de la zone torride ne sont aussi fortes que dans les déserts brûlans de l'Afrique. L'Amérique, en général, est partout moins chaude que d'autres pays situés sous les mêmes latitudes; d'une part, à cause de l'élévation de ses montagnes; de l'autre, à cause de sa largeur peu considérable au nord de l'équateur, de sa prolongation vers les pôles, des vents alisés

qui arrivent de l'océan, des courans mari-
times qui viennent des régions australes, de
l'abondance des lacs vers le nord, des fleuves
et des rivières dans le reste du continent,
de la nature du sol qui dans les plaines est
moins sablonneux que celui de l'Afrique,
enfin, des nombreuses et vastes forêts qui
couvrent encore une grande partie de sa
surface.

Naturellement riche en métaux nobles,
en végétaux précieux, l'Amérique, au moment de sa découverte, il y a un peu plus
de trois siècles, ne connaissait point les animaux domestiques, quoiqu'elle fût peuplée
d'une nombreuse création vivante ; aussi
les nations de ce continent et des îles voisines étaient-elles plongées, les unes dans
l'état sauvage, les autres dans une profonde
barbarie, comme le sont encore aujourd'hui
un grand nombre de leurs tribus. Les forces
de la nature physique agissaient dans toute
leur énergie despotique au sein de ce nou-

veau monde. Mais une fois que l'Européen eut mis le pied sur cette terre nouvelle, son génie, cruel envers les malheureux indigènes, en fit la conquête. Il la fit passer à une vie supérieure; il la peupla de ses colonies; il en exploita les mines et toutes les richesses animales et végétales; il y transporta les animaux domestiques, si indispensables à l'homme; il y porta ses idées, ses arts, ses institutions, et sut profiter de tous les avantages naturels qui rendent l'Amérique si propre à devenir le théâtre d'une civilisation remarquable. Aussi les destinées de ce continent, modifiées depuis d'une manière prodigieuse, se présentent-elles dans l'avenir sous l'aspect le plus riche et le plus brillant.

Il est permis d'augurer pour les terres de l'Océanie des destinées analogues, en tenant compte cependant des différences que devra apporter dans le développement de leurs populations la nature si différente des lieux.

Disséminées dans toute l'étendue du grand océan qui sépare le continent d'Amérique de celui d'Asie, les îles innombrables de cette partie du monde sont de grandeur très-inégale et forment un immense labyrinthe au milieu des mers. Elles sont réparties surtout en grand nombre entre les tropiques, quoique plusieurs se trouvent situées sous les deux zones tempérées du nord et du sud. Les plus grandes sont brûlées par un soleil vertical. La Nouvelle-Hollande en particulier, que son étendue égale à l'Europe, paraît avoir le climat aride et brûlant de l'Afrique. Quelques-unes des îles qui sont entre la Nouvelle-Hollande et l'Asie, joignent à une chaleur étouffante une humidité mal-saine. Cependant, malgré ces incommodités locales, que pourra corriger en partie le travail de l'homme, les îles de l'Océanie, dont les unes sont élevées et volcaniques, les autres très-basses, offrent une plus grande variété de climats délicieux qu'aucune autre partie du monde. Rafraîchies sans cesse par les vents constans et par les eaux qui les environnent, elles jouissent pour la plupart d'un printemps perpétuel : elles étalent en abondance des productions animales et végétales qui leur sont propres, et sont susceptibles d'être enrichies des productions de tous les autres pays.

Déjà ce monde maritime est devenu dans le voisinage de l'Asie le théâtre d'un commerce actif et étendu ; déjà l'influence des Européens s'est fait sentir au sein de ce vaste océan par l'introduction de nouvelles richesses animales et végétales, par la propagation d'une culture spirituelle plus haute dans certaines îles, et en particulier par la prédication du christianisme. L'impulsion est donnée ; elle sera suivie de grands résultats : car cette partie du globe est une des plus favorables à l'activité et au mouvement, principe de tout progrès, de tout développement varié et de toute civilisation.

Pour rendre moins incomplet le tableau si borné que nous venons de tracer de la géographie physique dans ses rapports avec l'histoire, il faudrait entrer actuellement dans une multitude de distinctions et de détails qui modifieraient par une quantité de nuances les traits généraux auxquels nous avons dû borner cette esquisse. Il serait intéressant, par exemple, de considérer les productions des trois règnes dans les diverses parties du monde, et de montrer comment chacune d'elles a joué son rôle dans l'histoire de l'homme, selon les temps, les lieux et les circonstances. Mais quelque intérêt que puisse offrir à l'historien l'étude de la nature physique envisagée sous toutes ses faces, nous avons dû nous restreindre à quelques indications générales, auxquelles peuvent se rattacher, comme à un centre commun, toutes les considérations de détails.

Il fallait d'abord nous faire une idée de la scène sur laquelle se joue le drame compliqué de l'histoire. Après l'avoir essayé, nous avons à nous occuper maintenant des races, des nations, des peuples qui prennent part à cette grande action, commencée depuis tant de siècles.

TROISIÈME ÉTUDE.

Classification ethnographique d'après les races physiques et les langues.

Quoique l'espèce humaine qui s'est répandue peu à peu sur toute la surface du globe soit une par son origine, par sa nature et par sa destination, son type général s'est modifié de bien des manières sous le double rapport de la constitution physique et du développement spirituel. D'une part, la souplesse remarquable imprimée à ce type par la Providence, pour en rendre possible l'harmonie variée avec toutes les régions terrestres et tous les climats; de l'autre, l'énergie intime et native, la persistance à travers les temps et les lieux, de certains élémens plastiques et organiques qui se perpétuent par voie de génération; telles sont les causes vivaces et profondes qui ont enfanté et conservé ces types secondaires, ces nuances tranchées de conformation, de physionomie, d'après lesquels se groupent et se distinguent ce qu'on appelle les Variétés et les Races d'hommes. C'est dans les caractères physiques qui constituent la physionomie de chaque groupe, et dans les caractères intellectuels et moraux dont les langues en particulier sont l'expression, qu'apparaissent de la manière la plus tranchée ces ressemblances et ces différences, entre les diverses branches de la grande famille humaine.

L'observation comparative des peuples qui habitent les diverses parties du monde, a conduit les naturalistes modernes à distinguer un certain nombre de variétés, auxquelles viennent se rattacher avec plus ou moins de précision toutes les populations du globe.

Des principales de ces races établies par les savans, trois seulement, la race blanche ou caucasienne, la race jaune ou mongolique et la race nègre, paraissent bien distinctes et bien prononcées. La variété cuivrée ou américaine et la race malaise ne présentent pas des caractères aussi positifs, et ces caractères sont encore plus indécis dans les Papous, ainsi que dans quelques autres peuplades du nord des deux continens, les Esquimaux, les Lapons, les Samoïèdes, les Ostiaks et les Kamtchadales.

De toutes ces différentes variétés, la race blanche paraît douée à un plus haut degré que toutes les autres de cette flexibilité dans la constitution physique, qui permet à l'homme de résister aux climats les plus opposés ; de cette force intellectuelle et morale, qui le rend capable d'ajouter continuellement à la perfectibilité de son espèce. C'est cette race, la plus belle de toutes, qui domine sur la plus grande partie du globe, dans la Tartarie indépendante, l'Inde, la Perse, l'Arabie, toute l'Asie occidentale, l'Égypte, l'Abyssinie, le nord de l'Afrique, et toute l'Europe. Par les colonies européennes, elle forme les seuls peuples civilisés qui existent en Amérique, où la race cuivrée présente encore des tribus barbares.

La race mongole ou jaunâtre s'étend sur presque tout le plateau central de l'Asie, dans la Mantchourie, dans la Chine, au Japon, au Thibet et dans l'Inde au-delà du Gange.

La race nègre, la moins favorisée de la nature, n'offre des nations nombreuses que dans la partie de l'Afrique située sous la zone torride. Une portion de cette variété a été transportée par les Européens dans le Nouveau-Monde, et des races mixtes, telles que les Mulâtres et les Métis, sont nées du mélange des blancs avec les noirs et les indigènes d'Amérique.

Enfin, la race des Malais est répandue dans la presqu'île de Malaca et dans les terres de l'Océanie. On les retrouve sur toutes les côtes des îles du grand Océan, depuis l'orient de l'Afrique jusqu'à l'occident du Nouveau-Monde. Les Papous sont leurs voisins dans quelques-unes de ces îles (dans la Nouvelle-Guinée).

Une étude approfondie de ces différentes variétés ferait voir encore, selon les lieux et les circonstances, des nuances plus ou moins diverses de sensibilité, d'imagination, d'intelligence, de puissance active, dans les branches et les rameaux de chacune d'elles. Mais c'est à l'histoire elle-même à nous dévoiler ces nuances, à faire ressortir la couleur morale des nations, de même que l'histoire naturelle en fait connaître la couleur physique et la physionomie extérieure.

La vie spirituelle des peuples passe dans tous leurs développemens, et tous ces développemens si variés se réfléchissent en particulier dans le langage, qui est lui-même dans des rapports plus ou moins intimes avec l'organisation physique des races. Aussi les langues et les dialectes, qui sont au langage, ce que les races, leurs rameaux et leurs croisemens sont à notre espèce, offrent-elles à l'ethnographie générale un second moyen de classification, souvent plus précis, non moins fécond et plus étendu que le premier. Ce qui est propre au génie de chaque nation est empreint fortement à son idiome, qui porte en même temps le cachet des localités. L'affinité des dialectes, des langues, des groupes de langues, nous offre ainsi une voie directe pour reconnaître la parenté des peuples, leur filiation, leurs migrations, leurs mélanges, et là est souvent la clef de toute leur histoire.

Les philologues de nos jours ont fait, pour la classification des peuples d'après les langues, ce que les naturalistes ont fait pour la classification des races physiques. Ce travail offrait beaucoup de difficultés, et ces difficultés subsistent encore en partie. Le grand nombre de nations dont les idiomes nous sont absolument inconnus; le petit nombre de peuples sur les langues desquels on a des grammaires, des vocabulaires; l'imperfection de la plupart de ces ouvrages et des

renseignemens qu'on est parvenu à se pro-
curer sur les idiomes des peuples sauvages
ou peu civilisés, obligent celui qui s'occupe
de cette branche de l'ethnographie à em-
prunter à la géographie de grandes divisions,
d'après lesquelles il puisse classer les innombrables faits résultant de l'étonnante variété
des langues. Partageant donc toutes les langues connues du globe en cinq branches principales, on les a nommées Langues Asiatiques, Européennes, Africaines, Océaniennes
et Américaines. Comparant ensuite tous les
vocabulaires connus des différens idiomes
anciens et modernes, et profitant des docu-
mens recueillis par les voyageurs et par les
savans, on a mis ensemble tous les idiomes
qui portent des traces évidentes de parenté;
puis on en a fait des groupes, des familles,
quelquefois subdivisées en plusieurs familles
secondaires. Les langues dont l'affinité avec
d'autres n'était pas reconnue, sont restées
isolées dans le tableau des différens groupes.

Ces différens groupes de langues sont loin, jusqu'ici, d'avoir tous la même importance historique. Ceux qui présentent sous ce rapport l'intérêt le plus général par leur correspondance avec les peuples qui ont joué les principaux rôles dans la marche de la civilisation, sont: en Asie, les langues sémitiques ou araméennes, les langues de la Perse, de l'Inde, de la Chine, de la Tartarie; en Europe, les familles græco-latine, ibérienne ou basque, celtique, germanique et slave; en Afrique, la seule famille égyptienne; dans l'Océanie et en Amérique, aucune encore d'une manière bien remarquable.

Cet intérêt historique, qui s'attache aux langues et aux nations qui les parlent, est proportionné au degré de supériorité auquel les unes et les autres sont parvenues, soit sous le rapport de leur perfectionnement effectif, soit sous le point de vue de l'extension, de la domination et de la célébrité.

Là où l'état social est peu avancé, là ne

se trouve point dans le langage , ce degré de développement et de perfection philologique et littéraire, qui figure parmi les grands caractères d'une haute civilisation, et qui est un des objets d'étude les plus intéressans pour l'historien; mais on peut y rencontrer la domination, la célébrité, qui procèdent de l'énergie et du déploiement de la force extérieure. C'est ainsi que les peuples chasseurs, pasteurs et nomades, ont été de tout temps inférieurs, sous le premier de ces points de vue, aux nations agricoles et sédentaires; tandis qu'ils les ont si souvent vaincues, asservies et subjuguées par les armes. Mais, toutes les fois que ce phénomène s'est présenté dans l'histoire, les vainqueurs ont fini par céder plus ou moins à l'influence intellectuelle et morale des peuples conquis, de sorte que par le fait, ces derniers ont conservé la supériorité que donne l'esprit sur la matière, les lumières et l'industrie sur la force brute, aveugle et impétueuse.

Lorsque des mélanges de peuples, différens de races ou de langues, se sont formés, soit par la conquête, soit par les colonies et les migrations de tout genre, il s'est opéré à la longue une fusion plus ou moins complète entre ces élémens de nature diverse. Mais toute la marche du développement de ces populations composées, a dû être modifiée, d'une manière puissante, par la nature même de leurs élémens constitutifs. C'est ce que nous aurons occasion de vérifier plus d'une fois, et les faits montreront d'eux-mêmes la haute importance de cette observation, qu'on ne doit jamais oublier quand on s'occupe d'études historiques.

Rechercher, à travers les événemens, les institutions et les siècles, jusqu'aux moindres vestiges des races auxquelles un peuple doit son origine; en suivre les migrations, les rapports avec d'autres peuples; faire entrer en considération les circonstances locales et chronologiques; approfondir, au moyen des sources et de la critique, les traditions, les idées, les sentimens, les intérêts, c'est-à-dire l'esprit, les mœurs, la vie de ce peuple dans toutes ses phases, dans ses rapports avec l'ensemble de l'humanité, selon les différentes époques; reproduire, enfin, tout cela de la manière la plus fidèle, la plus vraie, la plus naïve, la plus pittoresque, telle est la tâche d'un grand historien. Cette tâche est l'une des plus difficiles à remplir, parce qu'elle suppose le génie et des connaissances profondes. Mais, si elle est au-dessus de nos forces, nous pouvons au moins, en suivant autant qu'il dépend de nous la marche que nous venons d'indiquer, tirer de l'histoire une partie de ce qu'elle a d'instructif, et nous préparer, par cette étude intéressante, à comprendre ce qu'il y a de grave, de profond et de vivant dans le développement de l'humanité dont nous sommes membres.

QUATRIÈME ÉTUDE.

Chronologie générale.

On a déjà pu voir par ce qui précède que, pour être comprise dans toute sa profondeur philosophique, l'étude de l'histoire doit être jointe à celle des autres sciences humaines, et s'appuyer spécialement sur la connaissance de l'homme et sur celle de la nature, au milieu de laquelle s'opère son développement. L'importance des rapports qui existent entre cette nature et l'humanité est immense, et nous avons pu l'observer encore dans la diversité si remarquable des races physiques et des langues, dont les groupes et les familles correspondent à autant de populations d'un génie varié.

Mais ce que font d'un côté les circonstances géographiques et locales, est, d'autre part, complété par la suite des temps. C'est dans le temps qu'a lieu le développement de l'humanité auquel notre globe sert de théâtre, et la connaissance des temps est, aussi bien que celle des lieux, une des grandes lumières de l'histoire. Cette science porte le nom de Chronologie. Elle a ses racines dans notre nature même et dans celle du monde. Tout dans la marche de notre vie individuelle et sociale est successif, comme dans la marche de l'univers. La veille succède au sommeil et le mouvement au repos, dans le même ordre que le jour vient prendre la place de la nuit. Les saisons alternent comme les âges de l'homme et des peuples; les astres sont à la fois les grands excitateurs de la vie terrestre, les régulateurs des jours, des nuits, des mois, des années, des siècles, et les parties du temps se poussent les unes les autres sans interruption, pour amener toujours de nouvelles phases dans le développement progressif des êtres.

C'est une étude souvent compliquée et très-difficile que celle de la chronologie, qui, pour se régulariser à la longue, a dû profiter des progrès de l'astronomie, des recherches de l'érudition et des travaux de la critique. Les difficultés provenaient en particulier des différentes formes de l'année chez les divers peuples et de la diversité des ères ou époques marquantes, desquelles on est parti pour établir la suite des dates. Il a fallu des siècles pour arriver aux moyens de classer l'ensemble et le détail des faits avec certitude; encore reste-t-il sur bien des points des doutes nombreux et une grande divergence d'opinions entre les savans. Quelle que puisse être dans certains cas l'importance des discussions de ce genre, nous nous garderons soigneusement, dans une étude générale, d'en embarrasser notre marche. C'est le développement des sociétés et de l'humanité elle-même que nous voulons indiquer en grand. Il nous suffira d'en fixer les époques essentielles et fondamentales, dans lesquelles chacun pourra facilement encadrer ensuite les détails de chaque histoire spéciale.

Nous ignorons, dit un grand historien moderne[1], combien de fois le soleil s'est levé
depuis que dans les plaines fortunées de Ca-
chemire ou sur les hauteurs salubres du Thibet le Créateur anima d'une étincelle de son
feu céleste le limon dont il forma le premier
homme. Mais, quelle que soit notre incer-
titude à cet égard, il est prouvé que l'ère
de toutes les nations commence à peu près à
la même date et ne remonte pas au-delà de
quelques mille ans avant Jésus-Christ. Les
siècles qui remplissent cet intervalle et les
quatre ou cinq premiers siècles de l'ère chrétienne forment une grande période historique, qu'on appelle l'Histoire Ancienne. Cette
période vit naître l'espèce humaine, se former
les premières nations, les premiers empires,
et se développer l'antique civilisation orientale et gréco-romaine, au sein de laquelle
étaient déposés en partie, les germes de la
civilisation actuelle.

---

1 Jean de Müller.

A partir du cinquième siècle après Jésus-Christ commence, pour l'ancien continent, et principalement pour l'Europe, un nouvel ordre de choses. On voit s'opérer un vaste mélange de peuples barbares et de nations policées ; de toutes parts se manifeste une fermentation religieuse, politique, intellectuelle et morale, et avec les populations et les états se renouvellent, dans l'esprit et dans la forme, les idées, les institutions et les mœurs.

On donne le nom de Moyen Age à cette deuxième grande période, qui dure environ mille ans, et qui sert de transition entre la civilisation ancienne et la civilisation de nos jours.

Enfin, avec les inventions, les découvertes, les progrès de tous genres et les révolutions qui signalent la fin du quinzième et le commencement du seizième siècle, s'ouvre une troisième période, celle de l'Histoire Moderne proprement dite. Elle est caractérisée par un essor extraordinaire de l'esprit humain, qui s'agite dans tous les sens, et en particulier par l'activité expansive des Européens, qui portent dans toutes les parties du monde le flambeau de leur propre civilisation.

Pour étudier en détail le développement historique de l'humanité pendant les trois grandes périodes que nous venons de prendre pour base, il importe d'établir, en les appuyant sur des événemens féconds en grands résultats, des sections chronologiques et des périodes secondaires, propres à marquer les principaux actes du vaste drame de l'histoire.

La première section de ce genre comprend les temps anté-diluviens, période vague, obscure, dont l'étendue est incertaine, et sur laquelle nous possédons seulement quelques traditions religieuses cosmogoniques et mythiques. L'apparition de l'homme sur la terre, sa chute et sa corruption croissante, les premiers développemens de la vie religieuse, de la vie sociale et des arts, enfin le déluge, cette grande catastrophe qui vient bouleverser la nature physique, et fait disparaître des populations que la tradition nous représente comme moralement abâtardies et dégénérées : tels sont les grands faits de cette période du monde primitif.

La seconde période est, dans ses commencemens, aussi vague, aussi obscure que la première. Elle est pendant long-temps plus mythologique qu'historique; mais peu à peu l'élément historique ou réfléchi l'emporte sur l'élément fabuleux, et la lumière devient de plus en plus vive, jusqu'au sixième siècle avant l'ère chrétienne. Cette deuxième période de l'histoire ancienne est celle de l'origine des nations connues, de la fondation des empires primitifs, et du grand essor de la civilisation orientale, qui engendre, par des migrations et des colonies, celle des peuples répandus plus à l'Occident.

Les Chinois, les nations de l'Inde, les Scythes, les peuples de la Bactriane, de la Médie, et en général de l'Iran ou de la région persique ; les Assyriens, les Babyloniens, les Arabes, les Syriens, les Phéniciens, les Hébreux, les populations de l'Arménie, de l'Asie mineure, les Éthiopiens, les Égyptiens, les Libyens, les Carthaginois, les peuples de la Thrace, de la Grèce et de l'Italie, voilà les principaux acteurs qui paraissent en scène, soit isolément, soit en commun, pendant les siècles antérieurs à la grande monarchie des Perses.

Avec cette monarchie, fondée par Cyrus au milieu du sixième siècle avant Jésus-Christ, et affermie par ses premiers successeurs, commence une troisième période, signalée par une lutte d'abord à peu près égale entre l'Orient qui attaque et l'Occident qui se défend. Prolongée de cette manière pendant près de deux siècles, cette lutte est soutenue, du côté de l'Asie, par les Perses, qui dominent jusqu'aux confins de l'Inde, de la Scythie, de la Libye, de la mer Méditerranée, et qui sont alliés avec les Carthaginois. Du côté de l'Europe, elle est conduite par les populations grecques, alors environnées de tout l'éclat de leur civilisation originale, et de beaucoup supérieures sous ce rapport aux nations du reste de l'Occident.

La lutte, dont nous parlons, présente une crise décisive au quatrième siècle avant notre ère. L'Occident avec ses tendances réfléchies, représenté par Alexandre le Grand à la tête des Macédoniens et des Grecs, l'emporte par les armes sur le mystique Orient, et réagit d'une manière puissante vers ces contrées d'où lui sont venus primitivement ses habitans, ses institutions, ses idées.

Une quatrième période commence à la mort d'Alexandre, dont le vaste empire s'étendait alors des rives de l'Adriatique à celles de l'Oxus et de l'Indus, des bords du Danube, de la mer Noire et de la mer Caspienne, aux mers de l'Inde, de la Perse, de l'Arabie et aux cataractes du Nil. Démembrée après la mort de son fondateur, l'an 525 avant Jésus-Christ, cette immense monarchie voit sortir de ses débris de nouveaux états en Asie, en Afrique et en Europe. Mais chacune de ces fractions de l'empire macédonien représente, dans son histoire, un mélange plus ou moins inégal des tendances de l'Orient avec les tendances grecques. L'Asie mineure, la Syrie, l'Égypte et Alexandrie en particulier, deviennent le centre de cette espèce de fusion.

Dans le même temps grandit rapidement et devient tout à coup formidable la puissance romaine, qui représente à son tour l'Occident d'une manière plus positive et plus absolue que ne l'avaient fait les Macédoniens et les Grecs, et qui continue la réaction de l'Europe sur l'Asie et l'Afrique. Maîtres de l'Italie, les Romains, tout en développant leurs institutions, étendent bientôt au dehors et dans tous les sens leur domination irrésistible. Carthage, l'héritière et la fille de Tyr, succombe sous leurs coups, après une lutte opiniâtre; la Sicile, la Macédoine, la Grèce, l'Asie antérieure, jusque sur les bords de l'Euphrate, et toute la vallée du Nil jusqu'en Éthiopie, deviennent, pendant le reste de la période, autant de provinces romaines; l'Espagne, la Gaule et les pays au sud du Danube, reconnaissent les lois des mêmes conquérans, dont les progrès en Asie sont arrêtés par les Parthes, et en Europe par les nations germaniques.

Féconde en événemens, la période qui commence au démembrement de l'empire d'Alexandre, et qui se termine par le règne d'Auguste chez les Romains, comprend les trois siècles qui précèdent immédiatement la naissance de Jésus-Christ. Pendant ce laps de temps s'agrandit la sphère de la civilisation européenne, qui reçoit dans son sein les élémens les plus divers.

Enfin, pendant les quatre premiers siècles du christianisme, qui forment la cinquième et dernière période de l'histoire ancienne, le monde romain subit, à son tour, les plus importans changemens. La décadence de l'empire marche de front avec celle du polythéisme qui, né du panthéisme oriental, était l'élément essentiel de la civilisation gréco-romaine. Cette décadence fait des progrès parallèles à ceux de la nouvelle religion, qui devient le principe organisateur et impérissable d'une civilisation toute nouvelle.

Le cinquième siècle ouvre la première période de l'Histoire du Moyen Age. Une violente réaction s'était manifestée, dès la période précédente, de la part des peuples barbares de l'Europe centrale, septentrionale et orientale, harcelés d'abord, puis contenus et refoulés avec peine au-delà du Rhin et du Danube par les armes romaines jadis victorieuses. Cette réaction du monde barbare sur le monde policé, des nations du nord sur celles du midi, devient décisive au cinquième siècle. Les provinces au sud du Danube et à l'ouest du Rhin, la Moésie, la

Pannonie, l'Illyrie, l'Italie, la Gaule, les îles Britanniques, l'Espagne, la Sicile, ainsi que le nord de l'Afrique, sont envahis par les nations germaines, encore jeunes et vigoureuses, qui toutes embrassent le christianisme. L'empire romain, déjà morcelé, succombe en Occident, et de ses ruines sortent de nouveaux états au sein desquels naissent, avec des populations mélangées, de nouvelles idées, de nouveaux besoins, de nouvelles institutions, de nouvelles mœurs, de nouvelles langues. En même temps s'avancent, jusque dans la Germanie orientale et jusque dans le voisinage de l'Adriatique et de l'empire grec de Constantinople, les tribus Slaves ou Sarmates, ainsi que les Awares, les Bulgares, et autres peuplades originaires de l'Asie.

Peu à peu, les Francs, établis en Gaule et sur les deux rives du Rhin, acquièrent la prépondérance parmi les vainqueurs du monde romain. Leur vaste empire s'élève à son plus haut degré d'étendue et de force à la fin du huitième et au commencement du neuvième siècle, sous le règne de Charlemagne, illustre représentant du nouvel Occident barbare. Cet empire, aussi passager que celui d'Alexandre, opère momentanément une fusion morale et politique du même genre, et la puissance qui l'avait fondé agrandit la sphère d'activité du christianisme, qu'elle fait pénétrer jusqu'au cœur de la Germanie.

D'un autre côté, les Arabes, sous leur prophète Mahomet et les Khalifes ses successeurs, opèrent, dans l'Orient et dans le Midi, une réaction semblable à celle des nations septentrionales de l'Europe. Devenus conquérans par enthousiasme religieux, ces peuples, d'un génie brûlant, soumettent à l'islamisme, depuis la première moitié du septième siècle, la Palestine, la Syrie, la Perse, les pays au-delà de la mer Caspienne, l'Égypte, toute l'Afrique septentrionale et la péninsule hispanique. Mais, dès la fin de cette période, ils commencent à se diviser, et ne restent unis d'efforts que contre les peuples chrétiens.

Une deuxième période commence avec le neuvième siècle, et s'étend jusque vers la fin du onzième. L'empire des Francs et celui des Arabes tombent l'un et l'autre en dissolution. Ils donnent naissance, le premier, aux différens états de l'Europe chrétienne, où s'organise peu à peu la société féodale; le second, aux diverses dominations musulmanes, parmi lesquelles figure bientôt, comme prépondérante, celle des Turcs Seljoucides dans toute l'Asie occidentale.

Les peuples germains de l'extrême nord et les tribus finoises du nord-est, continuent, par leurs migrations, le grand mouvement des populations barbares en Europe. Les Normands du Danemarck et de la Scandinavie pénètrent par mer dans toutes les îles de la mer du Nord, en Russie, en France, en Angleterre et dans la basse Italie. Les

Hongrois ravagent l'Allemagne, et se fixent dans la Pannonie et sur la rive gauche d'une partie du Bas-Danube. Les empereurs d'Allemagne exercent la prépondérance, depuis les côtes de l'Italie jusqu'à celles de la mer du Nord, depuis le Rhône, la Saone et la Meuse, jusqu'à la Vistule. Ils répandent le christianisme aux extrémités de la Germanie orientale, et cette religion, qui pénètre à la longue dans les états de la Scandinavie, s'établit également chez les Slaves à l'est de l'Europe, ainsi que chez les Hongrois et chez les Bulgares. Mais le grand schisme d'Orient, qui se consomme pendant cette période, divise le monde chrétien en deux sections inégales, l'Église latine et l'Église grecque.

La période suivante s'étend depuis la dernière moitié du onzième siècle, jusqu'à la fin du treizième. Les papes, chefs de l'église latine ou romaine, deviennent, à dater du pontificat de Grégoire VII, les représentans de l'Europe chrétienne et principalement de l'Occident, sur lequel ils exercent la suprême autorité.

Placés en quelque sorte sous la tutèle de la cour de Rome, les peuples occidentaux exécutent sous son influence le grand mouvement religieux, poétique et chevaleresque des croisades. Ils se précipitent à main armée pendant environ deux siècles sur les populations musulmanes de l'Orient et de l'Afrique, et cette puissante réaction se fait res-entir par contre-coup aux peuples de l'Église grecque. L'empire de Constantinople succombe momentanément, pour continuer plus tard une existence misérable, que devaient anéantir au quinzième siècle les sectateurs de l'islamisme.

D'autres révolutions importantes et contemporaines des croisades signalent la troisième période. Les institutions politiques et civiles de la plupart des états de l'Europe font des progrès remarquables; l'affranchissement des communes fait entrer dans l'ordre social un élément tout nouveau, tandis que la culture intellectuelle, le commerce et l'industrie, prennent également un nouvel essor.

Quant à l'Asie, elle est le théâtre des conquêtes de Gengiskhan et de ses successeurs, qui, à la tête des peuples mongols, étendent leur domination, depuis les confins de la Sibérie, jusqu'aux mers de l'Inde, et depuis les côtes de la Chine, jusqu'aux frontières de la Pologne.

Le quatorzième et le quinzième siècle forment la quatrième période de l'histoire du moyen âge. Pendant cette époque tout concourt à faire naître en Europe un nouvel ordre de choses. La puissance ecclésiastique perd la suprématie temporelle, s'affaiblit par le grand schisme d'occident, et se voit attaquée jusque dans son domaine spirituel par les précurseurs de la réforme, dont quelques-uns avaient déjà paru dès le onzième et le douzième siècle. La féodalité succombe, et l'autorité monarchique, triomphant aussi de l'indépendance des communes, devient de plus en plus dominante dans les principaux états de l'Europe. Le grand mouvement intellectuel, déjà commencé du temps des croisades, s'étend et se renforce de toutes parts sous une forme plus réfléchie et moins poétique.

L'Italie, en particulier, se distingue au premier rang par l'éclat de sa nouvelle civilisation, et donne un asile aux lumières de l'empire grec qui fuient devant la barbarie ottomane. D'un autre côté, des inventions et des découvertes, fécondes en grands résultats, agrandissent et modifient la sphère d'activité des Européens. La poudre à canon change tout le système de la guerre; la boussole donne à la navigation des peuples occidentaux un essor inouï jusqu'alors, et prépare à la civilisation de l'ancien monde de nouvelles routes, en même temps que l'imprimerie fournit à l'esprit humain un instrument admirable pour étendre ses connaissances et les propager.

La dissolution du vaste empire des Mongols, la formidable puissance qu'acquièrent dans la suite en Asie et à l'orient de l'Europe, les Tartares de Tamerlan ; la naissance dans l'Asie mineure et les progrès de la domination des Turcs ottomans, qui finissent par prendre pied en Europe, et par détruire l'empire grec de Constantinople, sur les ruines duquel ils règnent encore aujourd'hui : tels sont, avec les autres circonstances que nous avons déjà signalées, les principaux caractères des deux derniers siècles du moyen âge.

Dès la fin du quinzième siècle, et le commencement du seizième, nous entrons dans le domaine de l'Histoire Moderne, dont la première période s'étend jusqu'au milieu du dix-septième siècle. Pendant cette période, le génie européen se porte avec ardeur dans toutes les directions, franchit l'Océan avec Colomb, Gama, les Espagnols et les Portugais, découvre le Nouveau-Monde, ainsi que la route maritime aux Indes par le cap de

Bonne-Espérance, fait pour la première fois le tour du globe avec Magellan, et trouve plus tard de nouveaux représentans, principalement dans les Anglais et les Hollandais. Les côtes africaines, d'où l'on exporte dès-lors un grand nombre d'esclaves nègres dans le Nouveau-Monde, l'Amérique, les Indes et quelques îles de l'Océanie, reçoivent des colonies chrétiennes, et nous envoient leurs immenses richesses, dont l'exploitation et l'affluence change subitement la balance commerciale et politique des états de l'Europe.

D'autres circonstances amènent en même temps dans les rapports réciproques de ces états, diverses modifications importantes. On voit naître d'une part, le système de l'équilibre politique qui se développe dans les guerres des puissances méridionales et occidentales; de l'autre, la réformation religieuse de Luther, Zwingli et Calvin, qui amène toutes sortes de révolutions, et détache de l'Église romaine une grande partie de l'Europe. La maison d'Autriche, qui domine sur la Hongrie, la Bohème, l'Allemagne, les Pays-Bas, l'Italie, la Sicile, l'Espagne, une grande partie de l'Amérique, et pendant soixante ans, sur le Portugal et ses colonies, est finalement affaiblie par la guerre de trente ans et par la paix de Westphalie, qui termine cette première période. Les états du Nord et du Nord-est, plus ou moins isolés et inaperçus dans le moyen âge, agissent de plus en plus en commun, entrent en relations plus suivies avec ceux de l'Occident et du Sud, et tendent à s'élever à la hauteur de ces derniers sous le rapport de la civilisation. La Russie, en particulier, délivrée des Mongols et des Tartares, étend sa domination sur la Sibérie, et porte dans cette contrée les premiers germes de la civilisation et du christianisme. Quant aux Turcs ottomans, ils parviennent pendant le seizième siècle au faîte de leur puissance, ajoutent à leur empire l'Égypte, la Barbarie, les pays de l'Asie antérieure jusqu'aux frontières de la Perse, et harcellent la chrétienté sur terre et sur mer, tant du côté du Danube et de la Hongrie, que dans les parages de la mer Méditerranée. Déjà cependant, sur la fin de cette période, se manifestent les premiers symptômes de leur décadence. Ils restent étrangers au mouvement général des esprits en Europe, où s'opère la renaissance complète de la littérature et des arts.

Cette renaissance, qui a lieu dans tout l'Occident et le Midi, mais surtout en Italie, arrive en France à son plus haut degré pendant le siècle de Louis XIV, époque à jamais classique, qui forme la deuxième période de l'histoire moderne. Le système colonial continue à faire la principale force des nations occidentales, surtout des Anglais et des Hollandais, qui ont éclipsé déjà sur la fin de l'époque précédente les Portugais et les Espagnols. Le système de l'équilibre politique se développe de plus en plus, et c'est contre la France, devenue prépondérante sous Louis XIV, que sont dirigées les coalitions des différentes puissances de l'Europe. La maison d'Autriche est déchue de la suprématie, dont la France s'empare; et l'Angleterre, notre ancienne rivale, le redevient d'une manière plus prononcée par l'accroissement de sa puissance maritime, par l'étendue et la richesse de ses colonies. Mais enfin Louis XIV et ses peuples sont humiliés sur la fin de ce règne, qui embrasse les trois quarts d'un siècle, et qui fait époque dans les annales des nations modernes. Au Nord et à l'Est ont lieu de grands mouvemens, analogues à ceux qui s'opèrent dans le reste du continent. La Suède et la Russie principalement jouent par leurs guerres fameuses un rôle éclatant, la première, depuis Gustave-Adolphe jusqu'à Charles XII, la seconde, sous le règne de l'illustre Pierre le Grand.

Le dix-huitième siècle, qui forme la troisième période de l'histoire moderne, achève de miner et d'ébranler les débris du moyen âge, déjà démolis peu à peu au seizième et au dix-septième. Cette nouvelle époque est marquée politiquement par l'affaiblissement des puissances méridionales, par la création et la prépondérance des puissances du Nord.

L'Italie s'enfonce de plus en plus dans sa nullité politique; l'Espagne et le Portugal y tombent peu à peu; la Turquie n'offre rien de grand; la France et l'Autriche ne sont plus ce qu'elles ont été; tandis que l'Angleterre profite des révolutions de l'Asie pour étendre sa puissance aux Indes, et que ses navigateurs découvrent chaque jour de nouvelles terres dans l'Océanie. Dans le Nord, le génie de Pierre le Grand met au monde une puissance colossale, la Prusse devient un royaume, et cette monarchie, gouvernée plus tard par Frédéric le Grand, attaque l'Autriche et commence le démembrement de l'empire d'Allemagne. Ensuite commence la réaction du Nouveau-Monde contre l'Europe, par la révolte contre l'Angleterre des colonies de l'Amérique septentrionale, qui forment la confédération puissante des États-Unis, et dont l'exemple est devenu contagieux de nos jours pour toutes les colonies espagnoles et portugaises.

D'un autre côté, le dix-huitième siècle affaiblit de toutes parts la puissance ecclésiastique, et l'empire même de la religion. Avec l'ancien ordre de choses s'affaiblissent et déclinent les anciennes institutions, les anciennes mœurs. L'esprit de liberté, poussé souvent jusqu'à la licence, devient plus actif, plus entreprenant que jamais, et commence par tout détruire avant de réédifier. La poésie et les arts y perdent momentanément; mais les sciences de fait, d'observation, de raisonnement, sont cultivées avec plus de succès. Tout, dans ce siècle fameux, porte l'empreinte de la réflexion, de l'indépendance, et la crise terrible qui le termine en montre, à la fois, les tendances et les résultats.

Cette crise, avec laquelle nous pourrions commencer une quatrième période, est la révolution française, dont le caractère est d'avoir été générale, d'avoir porté plus ou moins, dans toutes les classes de la société et chez toutes les nations de l'Europe, l'esprit dont elle fut l'expression si vive et si passionnée. Attaquée par tous les peuples européens, la France, dans son effervescence et son enthousiasme, sort victorieuse de plusieurs luttes successives, devient conquérante, et proclame au loin de mille manières, surtout par le moyen de l'imprimerie et de la guerre, les doctrines qui la travaillent. Enfin, elle se donne pour maître un homme de génie qui représente son époque, qui étend la domination des armes françaises d'une extrémité à l'autre du continent, qui bouleverse tout le système des états de l'Europe, et prend ainsi une part immense à

l'ouvrage du dix-huitième siècle et de la révolution qui l'a couronné. Cet homme et son
grand empire ne font que passer. La réaction énergique des peuples vaincus, soute-
nus par l'Angleterre, et secondés par le besoin de calme qu'éprouve la France elle-
même, rétablit enfin l'équilibre en 1814 et
1815.

Cependant la fermentation européenne,
calmée en apparence, n'en continue pas
moins sourdement d'une manière plus générale. Elle porte à la fois sur les intérêts
religieux, moraux, politiques, civils, intellectuels, et se manifeste successivement, dans
la plupart des états de l'Europe, par une
opposition déclarée entre les masses popu-
laires et les gouvernemens représentés par
la Sainte Alliance. Au sein de cette lutte,
des oscillations qui la caractérisent, des crises
fréquentes qu'elle amène, et dont celle de
1830 est la plus éminemment remarquable,
se révèle de plus en plus la tendance du

dix-neuvième siècle. Tous les jours se fait sentir davantage le besoin pressant d'une fusion plus harmonique entre tous les principes anciens et nouveaux, sur lesquels reposent, d'une part la fixité de la civilisation, de l'autre ses véritables progrès. Ce siècle est gros d'avenir dans toutes les parties du monde. C'est au temps à développer, sous les auspices de la Providence et sous l'impulsion native du génie de l'homme, les germes féconds de perfectionnement qui sont déposés dans son sein.

Que les ames nobles qui s'intéressent aux destinées de notre espèce, qui en désirent la régénération progressive, et croient à une Sagesse suprême qui régit le monde, jettent sur le passé un regard intelligent, et qu'elles tressaillent d'espérance. La civilisation n'a-t-elle pas marché avec les temps? N'embrasse-t-elle pas, d'une époque à l'autre, un théâtre plus étendu? Et ne tend-elle pas, souvent, il est vrai, par des détours qui nous paraissent des pas rétrogrades, à cette harmonie d'ensemble, dont l'idéal nous est proposé dans le christianisme? Courage et confiance! Une grande unité morale s'enfante laborieusement à travers les siècles : le génie du mal ne prévaudra point contre elle.

APPENDICES.

1.ᵉʳ APPENDICE A LA 3.ᵉ ÉTUDE.

TABLEAU des différentes races d'hommes d'après les naturalistes.

D'après Buffon, une seule espèce humaine.

D'après Linnée, une seule espèce, qu'il divise en cinq variétés :

1.° L'*Américaine brune*; 2.° l'*Européenne blanche*; 3.° l'*Asiatique jaune*; 4.° l'*Africaine noire*; 5.° la *Monstrueuse*.

D'après Blumenbach, cinq variétés :

1.° La *Caucasienne*; 2.° la *Mongolique*; 3.° l'*Éthiopienne* ou *Nègre*; 4.° l'*Américaine*; 5.° la *Malaise*.

D'après G. Cuvier, trois races éminemment distinctes :

1.° La *Blanche* ou *Caucasique* avec ses rameaux, *Araméen* ou de *Syrie*, *Indien-germain-pélasgique*, *Celtique*, *Scythique* ou *Tartare*; 2.° la *Jaune* ou *Mongolique*; 3.° la *Nègre* ou *Éthiopique*.

D'après DUMÉRIL, cinq variétés :

1.° La *Caucasique* ou *Arabe-européenne*; 2.° l'*Hyperboréenne*; 3.° la *Mongole*; 4.° la *Nègre*; 5.° l'*Américaine.*

D'après VIREY, deux espèces et six races :

1.° La *Blanche*; 2.° la *Basanée*; 3.° la *Cuivreuse*; 4.° la *Brune foncée*; 5.° la *Noire*; 6.° la *Noirâtre.*

D'après DESMOULINS, onze races :

1.° *Celto-scyth-arabes*; 2.° *Mongols*; 3.° *Éthiopiens*; 4.° *Euro-africains*; 5.° *Austro-africains*; 6.° *Malais* ou *Océaniques*; 7.° *Papous*; 8.° *Nègres océaniens*; 9.° *Australasiens*; 10.° *Colombiens*; 11.° *Américains.*

D'après BORY DE SAINT-VINCENT, quinze espèces :

1.° La *Japétique*, subdivisée en quatre races; 2.° l'*Arabique*, qui comprend deux races; 3.° l'*Hindoue*; 4.° la *Scythique*; 5.° la *Sinique*; 6.° l'*Hyperboréenne*; 7.° la *Neptunienne*, divisée en trois races; 8.° l'*Australasienne*; 9.° la *Colombique*; 10.° l'*Américaine*; 11.° la *Patagone*; 12.° l'*Éthiopienne*; 13.° la *Cafre*; 14.° la *Mélanienne*; 15.° la *Hottentote.*

2.ᵉ APPENDICE A LA 3.ᵉ ÉTUDE.

M. Adrien BALBI, auteur de l'Atlas ethnographique du globe (1826), où se trouvent combinés et réunis les résultats des travaux les plus récens sur la linguistique, croit qu'on peut faire monter à au moins 2000 le nombre des langues connues. Cependant l'état imparfait de l'ethnographie ne lui a permis de classer dans son atlas que 860 langues, et environ 5000 dialectes.

Dans ce nombre prodigieux d'idiomes, 153 appartiennent à l'Asie, 53 à l'Europe, 115 à l'Afrique, 117 à l'Océanie, et 422 à l'Amérique.

TABLEAU ethnographique abrégé tiré de la mappemonde ethnographique de BALBI.

NB. Le signe † indique une langue morte.

LANGUES ASIATIQUES, subdivisées en : *famille des langues Sémitiques*, l'arabe, † l'hébreu, le syriaque, † le pehlvi, etc.; *langues de la Région Caucasienne*, le géorgien, l'arménien, etc.; *famille des langues Persanes,* †le zend, † le parsi, le persan, etc.; *langues de la Région Indienne,* la famille sanskrite avec †le sanskrit, †le pali, l'hindoustani, le tamoule, le maleyalam, le télinga, etc.; *langues de la Région Transgangétique,* la famille tibétaine avec le tibétain, etc.; la famille chinoise avec †le kou-wen, le kouan-hoa, etc.; la famille japonaise, avec le japonais, etc.; le rukheng-barma, le laos-siamois, l'anamite, etc.; *groupe des langues Tartares,* les familles toungouse avec le mandchou, tatare ou mongole avec le mongole et le kalmouque, turque avec le turque, le yakoute, etc.; *langues de la Région Sibérienne,* les familles samoyède, iénisseï, koryèque, kamtchadale, kourilienne, etc.

LANGUES EUROPÉENNES, subdivisées en six familles : la *basque* ou *ibérienne,* le basque ou escuara; la *celtique,* le galique et le cymraeg, etc.; la *thraco-pélasgique* ou *gréco-latine,* l'albanais, l'étrusque, †le grec ancien, le grec moderne, †le latin, le roman, l'italien, le français, l'espagnol, le portugais, etc.; la *germanique,* †le haut allemand ancien, l'allemand, le frison, le neerlandais, †le mésogothique, le suédois, le danois, l'anglo-saxon, l'anglais, etc.; la *slave,* l'illyrien, le russe, le tchekhe, le polonais, †le wende, †le prucze, le lithuanien, etc.; l'*ouralienne,* le finnois, le lapon, le tcheremisse, le permien, le madjar ou hongrois.

Langues africaines, subdivisées en cinq groupes : *langues de la Région du Nil,* la famille égyptienne avec †l'ancien égyptien et †le copte; la famille nubienne avec le nouba, etc.; la famille troglodytique avec le bicharien, etc.; *langues de la Région de l'Atlas* formant *la famille des langues Atlantiques,* l'atlantique propre ou amazigh, l'ertana, le tibbo, †le guanche, etc.; *langues de la Nigritie Maritime,* la famille mandingo avec le mandingo, le sousou, etc.; la famille achantie avec l'achantie, l'inta, etc.; la famille ardrah avec l'ardrah-judah, le benin? etc.; ensuite les langues foulah, wolof, sérère, etc.; *langues de l'Afrique Australe,* la famille congo avec le congo, le loango, etc.; la famille cafre avec le cafre propre, le betjouane, etc.; la famille hottentote avec l'hottentot, le saab; la famille monomotapa avec le monomotapa? le macouas, etc.; la famille gallas avec le gallas, etc.; ensuite les langues somauli, hurrur, etc.; *langues de la Nigritie intérieure*, les familles haoussa et bornouane avec l'haoussa, le bornou, etc.; ensuite les langues tombouctou, maniana, kallagi, baghermeh, etc.

Langues océaniennes, subdivisées en : *famille des langues Malaises*, †le grand-océanien, le java-vulgaire, le basa-krama, le malais propre, l'achin, le bima, le bugis, le macassar, le tagalog, le bissayo, le mindanao, le chamorre, le radak, le nouveau-zélandais, le tonga, le taïtien, le sandwich, le si-deïa, le madécasse, etc.; *langues des Nègres Océaniens et d'autres peuples*, le tembora, le sydney, le dory, le tanna, le pelew, etc.

Langues américaines, subdivisées en onze groupes : *langues de la Région Australe de l'Amérique méridionale*, la famille chilienne avec l'araucan, etc.; ensuite les langues pécherais, patagone, téhuelhet, etc.; *langues de*

la Région Péruvienne, les familles mocoby-
abipon, vilela-lule, péruvienne avec le mo-
coby, le vilela, le quichua ou péruvien, etc.;
ensuite les langues zamuca, chiquitos, panos,
etc.; *langues de la Région Guarani-Brésilienne*,
la famille brésilienne avec le guarani propre,
le brésilien, l'omagua, etc.; les familles purys,
machacaris-camacan et payagua-guaycurus
avec le purys, le camacan, etc., le guaycu-
rus, le payagua, etc.; ensuite les langues
charrua, guayana, botecudos, mundrucus,
bororos, etc.; *langues de la Région Orénoco-
Amazone* ou *Andes-Parime*, les familles ca-
ribe-tamanaque avec le caribe, le tamanaque,
le chaymas, etc.; saliva avec le saliva, etc.;
cavere-maypure avec le maypure, le moxos,
le guaypunabis, etc.; yarura-betoï avec le
yarura, etc.; ensuite les langues oyampis,
guaharibos, maquiritare, ottomaque, maniti-
vitanos, chibcha ou mozcas, cunacunas, etc.;
langues de la Région de Guatemala, les familles maya-quiche avec le maya, †l'haïti, le
quiche, etc.; ensuite les langues chontal,
tzendal, chiapaneca, etc.; *langues du Plateau*

d'Anahuac ou *du Mexique,* la famille mexi-
caine avec l'aztèque ou mexicain, le cora,
etc.; ensuite les langues mixteca, zapoteca,
totonaca, othomi, tarasque, etc.; *langues du
Plateau Central de l'Amérique du Nord et des
pays limitrophes à l'est et à l'ouest,* les familles
tarahumara avec le tarahumara, etc.; panis-
arrapahoes avec le panis, l'arapahoes, le keres,
le tetan, etc.; caddos avec le caddos, etc.;
ensuite les langues cinaloa, allighewi? moqui,
apaches, etc.; *langues de la Région Missouri-
Colombienne,* les familles colombienne avec
le colombien supérieur et inférieur, etc.;
sioux-osage avec le sioux, le maha, le mine-
tares, l'osage, etc.; ensuite les langues sussee,
paegan, etc.; *langues de la Région Allegha-
nique et des Lacs,* les familles mobile-natchez
avec le natchez, le muskohge, le chikkasah,
le cheerake, le chaktah, etc.; woccons-ka-
tahba avec le katahba, etc.; mokawk-hurone
ou iroquoise, avec le mohawk, l'huron, l'o-
neïdas, etc.; lennape avec le sawanou, **le**
saki-ottogami, le delaware, le mohegan-abe-
naqui, l'algonquino-chippeways, le kniste-

nau, cheppewyan propre, le tacoullies, etc.;
ensuite les langues timuacana, bahama, etc.;
*langues de la Côte Occidentale de l'Amérique
du Nord,* les familles waicure avec le waicure, etc.; cochimilyamona avec le cochimi
propre, etc.; matalan-quirote avec le mata-
lan, etc.; kolouche avec le kolouche propre,
le tchinkitane, etc.; ensuite les langues pé-
ricu, killamaks, noutka ou wakash, ou gal-
jakhmoutzi, kinaïtze, etc.; *langues de la Région Boréale de l'Amérique du nord,* formant
la famille des idiomes esquimaux avec l'es-
quimau propre, le tchougatche-konega, l'a-
leutien, l'aglemoute ou tchouktche-améri-
cain, le tchouktche propre ou tchouktche
asiatique. (Voyez *Atlas ethnographique du
globe, ou classification des peuples anciens et
modernes, d'après leurs langues,* par Ad. Balbi;
in-8.°, avec atlas in-folio.)

APPENDICE A LA 4.e ÉTUDE.

TABLEAU *chronologique des principales*
époques de l'histoire générale.

HISTOIRE ANCIENNE.

ANNÉES avant Jésus - Christ.	
	1.re PÉRIODE.
Époque incertaine.	Création de l'homme. Civilisation primitive. Déluge. Noé, Sem, Cham, Japhet. Traditions des différens peuples sur le monde primitif, comparées à celles des Hébreux.
	2.e PÉRIODE.
	Naissance des races. Premières migrations des peuples, et formation des premiers empires, à la Chine, à Babylone, en Égypte. Aurore de la civilisation dans l'Asie méridionale et occidentale, ainsi qu'en Égypte.
2000.	
Vers 2000.	Époque des patriarches. Abraham. Le sud et l'orient de l'Europe commencent à se peupler. État florissant du royaume d'Assyrie. Des colons sortis de l'Égypte et de l'Asie occidentale transplantent la civilisation de l'Orient en Grèce et en Italie. Commerce et navigation des Phéniciens.
Vers 1550.	Législation de Moïse.

1500.

Conquête de la Palestine par les Israélites.

L'Égypte civilisée depuis long-temps, florissante et conquérante sous Rhamsès le Grand ou Sésostris, chef de la 19.ᵉ dynastie et successeur des rois célèbres de la 18.ᵉ dynastie, vainqueurs des Hycsos ou Rois Pasteurs.

États monarchiques dans l'Asie mineure et dans la Grèce.

1400.

Temps héroïques en Grèce.
Expéditions de Minos et des Argonautes.
Guerres de Thèbes.

1200.

Époque de la guerre de Troie.

Prise de Troie (selon les uns 1270, selon d'autres 1206, 1184, etc.).

Invasion des Héraclides et des Doriens. Révolutions politiques en Grèce. Mouvemens de populations. Colonies grecques dans l'Asie mineure.

Colonies phéniciennes en Afrique et en Espagne.

1100.

Les états monarchiques de la Grèce font place peu à peu à des républiques.

État florissant des Hébreux sous leurs premiers rois, David et Salomon.

Période brillante de la poésie hébraïque.

1000.

Civilisation précoce des Étrusques.

Vers 975. Division du royaume des Israélites en royaume de Juda et royaume d'Israël.

Les prophètes.
Homère et les Homérides.

Extension des colonies grecques jusque dans la Thrace et l'Italie méridionale.

État florissant de Méroë en Éthiopie.

Origine présumée des Védas indiens.

900. ───────────────────────────────

Décadence et démembrement de l'antique empire d'Assyrie. De nouveaux états sortent de ses ruines.

Second royaume d'Assyrie ou de Ninive. Premier royaume de Babylone. Empire des Mèdes.

Fondation de Carthage par Didon et les Phéniciens.

Lycurgue, législateur de Sparte.

Jeux olympiques chez les Grecs, rétablis par Iphitus.

État florissant de Damas en Syrie.

Fondation du royaume de Macédoine par l'Héraclide Caranus.

Époque brillante de la civilisation des Étrusques.

800. ───────────────────────────────

L'élément historique l'emporte de plus en plus sur l'élément fabuleux.

776. Ere des Olympiades.

753. Fondation de Rome. Ses premières institutions, sous les rois.

747. Ère de Nabonassar à Babylone.

Colonies grecques dans l'Italie méridionale et en Sicile.

742-722. Première guerre des Spartiates contre les Messéniens.

La prophétie arrive chez les Juifs à son âge d'or.

État florissant du nouveau royaume d'Assyrie.

721. Prise de Samarie et destruction du royaume d'Israël par les Assyriens.

Anarchie en Égypte jusqu'en 650.

700. ————————————————————————

	Colonies grecques sur les bords de la mer Noire et en Thrace.
685 - 668.	Seconde guerre de Messénie.
671.	Dodécarchie en Égypte.
650.	Psammétichus ouvre une nouvelle époque dans l'histoire de ce pays.
Vers 650.	Lois maritimes des Rhodiens.
	Décadence complète du second royaume d'Assyrie.
	Monarchie Chaldéo-Babylonienne, ou second royaume de Babylone.
635 - 600.	Les Scythes poursuivant les Cimmériens, ravagent l'Asie occidentale.
	Navigation des Phéniciens autour de l'Afrique sous Nechao.

600. ————————————————————————

	Époque brillante de l'empire des Mèdes et de la monarchie Chaldéo-Babylonienne, dont les efforts réunis, sous Cyaxare I.er et Nabuchodonosor, renversent le second royaume d'Assyrie.
594.	Solon, législateur d'Athènes.
588.	Chute de Jérusalem et du royaume de Juda.
	Captivité de Babylone. La prophétie brille encore.
	Zoroastre, chef du magisme dans l'Iran.
	Les sept Sages de la Grèce.
	Commerce florissant de Milet.
	Poètes lyriques grecs de l'Asie mineure.
	Premiers essais en prose philosophique et historique.
	Premiers systèmes de philosophie chez les Grecs.
	Con-Fu-Tse ou Confucius, chef célèbre des Lettrés, à la Chine.

	Extension des colonies carthaginoises.
571 - 557.	État florissant de l'Égypte sous les derniers Pharaons, et de la Lydie sous Crœsus.
560 - 529.	Cyrus le Grand fonde la monarchie des Perses sur les ruines des royaumes de Médie, de Babylone, de Lydie, etc.
509.	Rome chasse les Tarquins et Athènes les Pisistratides. République romaine.

500. ——————————————————————

3.ᵉ PÉRIODE.

500 - 445.	Guerres des Perses contre les Grecs, connues sous le nom de guerres médiques. Batailles de Marathon, de Salamine, de Platée, etc.
	Suprématie d'Athènes. Sa rivalité avec Sparte.
	La Grèce arrive à son plus haut point de splendeur sous Thémistocle, Cimon, Périclès, etc.
	Siècle de Périclès. Point culminant de la civilisation grecque, surtout pour ce qui concerne la littérature et les arts.
431 - 404.	Guerre du Péloponèse. Triomphe de Sparte.
	Lutte des patriciens et des plébéiens à Rome.
	Puissance maritime des Étrusques.
	Époque florissante de Syracuse et de Carthage.
	Commerce des Grecs et des Carthaginois.
	La solde des armées romaines favorise leurs conquêtes.

400. ——————————————————————

	Commerce florissant des Babyloniens, des Phéniciens et des Rhodiens.
	Décadence de la monarchie des Perses et des principaux états de la Grèce, Athènes et Sparte.

371 - 361.	Époque brillante de Thèbes, rivale de Sparte, sous Épaminondas et Pélopidas. Progrès de la tactique.
	Époque brillante de la philosophie grecque.
36o. 336.	Prépondérance et extension de l'empire macédonien sous Philippe et Alexandre le Grand. Phalange macédonienne.
336 - 3a3.	Conquêtes d'Alexandre en Europe, en Asie, en Afrique.
	Chute de l'empire des Perses. Triomphe de la réaction de l'Occident contre l'Orient.
	Grand empire macédonien. Commerce avec l'Inde.
	Voyages de Pythéas de Marseille dans les mers du Nord.

4.e PÉRIODE.

3a3 - 3oi.	Démembrement de l'empire macédonien après la mort d'Alexandre. Guerres entre ses successeurs. Grande anarchie. Fondation de nouveaux états : Macédoine, Thrace, Syrie sous les Séleucides, Égypte sous les Ptolémées, etc. (3i2, ère des Séleucides).

300. ────────────────────────────

	Prépondérance, en Orient, des Ptolémées d'Égypte et des Séleucides de Syrie.
	Bibliothèques et musée d'Alexandrie.
	Relations commerciales plus étendues entre l'Orient et l'Occident.
	Petits royaumes dans l'Asie mineure.
256 - 254.	Les Parthes et les Bactriens se détachent de l'empire des Séleucides.
263 - 2oi.	Puissance croissante de Rome, qui, après avoir subjugué toute l'Italie, devient la rivale de Carthage dans les deux premières guerres puniques.

Ligues Achéenne et Étolienne en Grèce.
Grande muraille de la Chine. Incendie des
   livres chinois.

200.

Bibliothèque des rois de Pergame, rivalise avec
   celle d'Alexandrie.

Continuation des guerres d'agrandissement des
   Romains contre les rois de Macédoine et de
   Syrie.

Puissance croissante des Parthes en Orient.

149. Troisième guerre punique.

148-146. Réduction de Carthage, de la Grèce et de la
   Macédoine en provinces romaines.

Lois somptuaires. Philosophie grecque, arts et
   luxe de la Grèce et de l'Orient à Rome.

L'âge d'or de la littérature et des arts commence
   dans le monde romain.

Puissance des Druides en Gaule et en Bretagne.

Commerce de la Chine avec la Perse et l'Inde.

Commencemens de Mithridate, roi de Pont.

101. Les peuples du Nord se font connaître. Invasion des Cimbres et des Teutons.

100.

88 et suiv. Proscriptions de Sylla et de Marius, à Rome.
Guerres contre Mithridate.

60 et suiv. Premier triumvirat : César, Pompée, Crassus.
Calendrier Julien.

43 et suiv. Second triumvirat : Antoine, Lépidus, Octave.
Guerres civiles. Cicéron, etc.

88-31. Conquêtes croissantes des Romains. Une partie
   des états de l'Asie occidentale, l'Espagne la
   Gaule, etc., passent en leur pouvoir.

Années avant J.-C.	
31.	Bataille d'Actium. Conquête de l'Égypte.
30.	Octave devient empereur sous le nom d'Auguste. Siècle littéraire de ce prince. Point culminant de la civilisation romaine.
	Naissance de Jésus-Christ.

ANNÉES après Jésus - Christ.	5.ᵉ PÉRIODE.
	État florissant de l'empire romain.
	Odin dans la Scandinavie.
	Religion du Bouddha indien, à la Chine.
14-69.	Despotisme à Rome depuis Tibère.
33 et suiv.	Jésus-Christ crucifié à Jérusalem. Ses apôtres prêchent le christianisme, d'abord chez les Juifs, puis chez les païens. Composition des livres du Nouveau Testament.
	Factions dans l'empire des Parthes.
	Persécutions contre les chrétiens depuis Néron.
70.	Destruction de Jérusalem par Titus. Dispersion des Juifs, consommée l'an 135, sous Adrien.
Vers 95.	Prédication de l'Évangile dans la Gaule.
100.	
96-180.	Époque heureuse de l'empire rom. sous Nerva, Trajan, Adrien, Antonin, Marc-Aurèle. Extension des frontières de l'empire.
	Décadence de l'empire des Parthes.
	Commerce avec la Chine, qui depuis le 1.ᵉʳ siècle avant Jésus-Christ domine sur l'Asie centrale jusque dans le voisinage de la mer Caspienne.
	Les Gnostiques et l'école d'Alexandrie.
	Écriture runique dans le Nord.
	Premiers Pères de l'Église. Apologies du christianisme. Marc-Aurèle et le stoïcisme.
	Les Barbares se pressent sur les frontières de l'empire.

200.

192 - 284.	Despotisme militaire à Rome.
	Les Goths dans les environs de la mer Noire.
226.	Chute de l'empire des Parthes ou des Arsacides.
	Naissance du nouvel empire des Perses ou des Sassanides.
	L'empire romain menacé d'une prochaine dissolution. Les trente tyrans. Attaques des hordes germaniques contre l'empire.
284.	Nouvelle organisation sous Dioclétien.
	Progrès du christianisme, qui a subi jusqu'à cette époque plusieurs grandes persécutions.
284.	Ere des martyrs.
	Décadence du polythéisme et de la littérature païenne.
	Éclectisme et néo-platonisme d'Alexandrie.
	Moines en Syrie et en Égypte. Hérésies.
	Poèmes d'Ossian, en Écosse.

300.

311 et suiv.	Constantin le Grand embrasse le christianisme, qui devient tout-puissant dans l'empire romain.
325.	Concile de Nicée. Système catholique. Progrès de l'arianisme. Pélerinages.
330.	Byzance devient la capitale de l'empire et prend le nom de Constantinople.
	Nouvelle organisation administrative de l'empire, qui est divisé en préfectures, diocèses, provinces, etc.
	Couvens de moines en Égypte.
337 et suiv.	Nouvelle division de l'empire sous les fils de Constantin.
	Époque florissante de l'empire perse des Sassanides.
361 - 363.	Réaction momentanée du polythéisme et du néo-platonisme contre le christianisme sous Julien.

	Mouvemens parmi les populations barbares de l'Asie et de l'Europe.
	L'empire romain est de plus en plus menacé d'une ruine prochaine, et depuis long-temps les frontières du Rhin et du Danube sont harcelées par les peuples germains, tandis que les Perses le fatiguent en Asie.
374-375.	Les Huns, anciens ennemis des Chinois, se jettent sur l'Europe orientale et poussent devant eux les Goths, qui envahissent la Moesie et la Thrace.
378.	Bataille d'Andrinople.
379-395.	Théodose le Grand rend momentanément à l'empire son unité et sa force.
	A sa mort, l'empire est partagé définitivement en empire d'Occident et empire d'Orient ou de Constantinople.
	Depuis long-temps les lettres païennes et les arts tombent en décadence dans le monde romain.
	Développement de l'éloquence et de la littérature chrétienne.
	Progrès du christianisme parmi les peuples barbares.

400. ───────────────────────────────

HISTOIRE DU MOYEN AGE.

1.re PÉRIODE.

401 et suiv.	Grande invasion des Vandales, des Suèves, des Alains, des Bourguignons, des Visigoths, etc., dans les provinces de l'empire romain d'Occident.
	Fondation, en Gaule, en Espagne, de plusieurs états germaniques.
	Royaumes des Bourguignons, des Visigoths, des Suèves, etc.

Années après J.-C.	
427 et suiv.	Invasion des Vandales d'Espagne dans toute l'Afrique septentrionale. Royaume de Carthage, sous Genseric.
449.	Les Angles et les Saxons envahissent la Bretagne. Heptarchie.
451.	Puissance formidable des Huns dans le centre et le nord de l'Europe. Leur invasion jusqu'en Gaule. Attila battu à Châlons-sur-Marne par Aétius.
453.	Dissolution de l'empire des Huns après la mort de ce chef.
455.	L'Italie et Rome ravagées par les Vandales.
476.	Fin de l'empire d'Occident sous Romulus Augustulus. Royaume des Hérules et des Rugiens en Italie, fondé par Odoacre.
486 et suiv.	Les Francs prennent la prépondérance sous Clovis dans la Gaule septentrionale et centrale.
489.	Les Ostrogoths, après avoir ravagé la Thrace, et menacé Constantinople, envahissent l'Italie
493.	sous leur roi Théodoric le Grand, renversent le royaume des Hérules et fondent sur ses ruines un puissant empire.
	Dernier éclat des lettres anciennes en Italie, suivi de la décadence rapide des arts libéraux, de l'industrie, du commerce, de l'agriculture.
	Les querelles théologiques agitent la chrétienté, comme dans le siècle précédent et dans les suivans.
	Lois des Barbares. Code théodosien.
	Tous les peuples barbares établis sur les débris de l'empire d'Occident ont embrassé le christianisme.
	Prépondérance en Occident des Francs, des Visigoths et des Ostrogoths.

500.

511-752.	Conquêtes des Mérovingiens successeurs de Clovis, et partages fréquens dans leur empire, qui s'étend sur la Gaule et une partie de la Germanie.
	Migrations des peuples Slaves à l'est de l'Europe.
	Commencemens de la piraterie des peuples Scandinaves.
534-554.	L'Afrique enlevée aux Vandales et l'Italie aux Ostrogoths par Bélisaire et Narsès, généraux de Justinien, empereur d'Orient.
529.	Code Justinien.
532.	Denys le petit introduit dans la chronologie l'usage de l'ère chrétienne.
568.	Les Lombards, sous Alboin, envahissent l'Italie septentrion. et y fondent un puissant royaume.
	Origine première des bénéfices ou fiefs, et des ordres monastiques.
	Les anciens classiques tombent peu à peu dans l'oubli. La superstition, l'ignorance et l'intolérance font des progrès.

600.

	Le christianisme prêché en Angleterre.
	Puissance prédominante des Perses en Orient ; des Visigoths et des Lombards en Occident.
	Bénéfices héréditaires. Lois des Visigoths. Lois des Lombards.
609-622.	Mahomet et l'islamisme. L'Hégire. Le Coran.
629 et suiv.	Conquêtes des Arabes en Asie et en Afrique sous Mahomet et les Khalifes ses successeurs. Progrès de l'islamisme.
	Puissance des Chinois jusqu'au centre et à l'occident de l'Asie. Elle se soutient dans les siècles suivans, malgré les incursions des Tartares.
651.	Chute de l'empire des Perses Sassanides.
	Décadence de l'empire d'Orient.
	Divisions continuelles dans l'empire des Francs.

700. ───────────────────────────────

	Progrès de la hiérarchie ecclésiastique.
	État florissant de la puissance des Arabes, dont la domination s'étend depuis la Perse et les pays au-delà de la mer Caspienne jusqu'en Espagne, en longeant la côte septentrionale de l'Afrique. Leurs guerres avec l'empire d'Orient.
711.	Conquête de l'Espagne par les Arabes ou Sarazins. Destruction du royaume des Visigoths.
732 et suiv.	Attaque de la France par les Arabes. Ils sont repoussés par Charles-Martel.
750 - 755.	Division de leur vaste empire en deux Khalifats, celui de Bagdad et celui de Cordoue ou d'Espagne.
	Origine des états chrétiens d'Espagne.
	Les Émirs d'Afrique commencent à se rendre indépendans.
	Civilisation des Arabes sous Al-Mansor et Aaron-Al-Raschild.
	Décadence et chute des Mérovingiens sous les maires du palais. Avénement des Carlovingiens sous Pepin le Bref.
	Commencement de la puissance temporelle des papes.
771 et suiv.	Charlemagne et ses conquêtes en Espagne, en Germanie et en Italie, où il incorpore à ses états le royaume des Lombards. Civilisation naissante des Francs encouragée par ce prince.

800. ───────────────────────────────

2.ᵉ PÉRIODE.

800.	Renouvellement de l'empire d'Occident en la personne de Charlemagne, dont la domination s'étend sur la plus grande partie de l'Europe centrale, occidentale et méridionale.
814.	Mort de ce grand homme.

	Le christianisme prêché dans la Germanie.
	Continuation de la culture littéraire et scientifique des Arabes sous Al-Mamun.
827.	L'Angleterre forme un seul royaume sous Egbert le Grand. Fin de l'Heptarchie.
814 et suiv.	Divisions dans l'empire des Francs sous les faibles successeurs de Charlemagne.
843-888.	Paix de Verdun. Partage, et, plus tard, démembrement définitif de l'empire.
	Origine des royaumes de France, d'Allemagne, d'Italie, de Bourgogne, etc.
	Influence de la diversité des races et des langues dans les révolutions de cette époque.
	Langues vulgaires. Féodalité.
	Ravages des pirates normands sur toutes les côtes de l'Europe occidentale. Leurs établissemens dans les mers du Nord, et en France (911).
862.	Rurik et les Normands Warègues en Russie.
	L'empire grec ou d'Orient harcelé par les Bulgares, les Slaves, les Normands Warègues et les Musulmans.
867 et suiv.	Conversion des Slaves et des Bulgares au christianisme. Rivalité des patriarches de Constantinople et des papes ou évêques de Rome. Schisme de l'Église grecque. Photius (880).
871-900.	Alfred le Grand en Angleterre.
	Décadence et démembrement de l'empire des Arabes de Bagdad. Dynasties arabes en Égypte et dans l'Afrique septentrionale.
	État déplorable de la civilisation en Occident.
	Invasion des Hongrois dans la région des Carpathes.

900. ————————————————————————

	État florissant du khalifat d'Espagne.
	Barbarie croissante dans l'Europe chrétienne.
	Ravages des Hongrois en Allemagne. Ils sont

919 et suiv.	combattus par Henri l'Oiseleur, qui avance la civilisation du pays.
	Faiblesse des rois Carlovingiens en France.
	Progrès de la féodalité. Villes et châteaux forts.
	Fondation de nouveaux états en Orient. Démembrement du khalifat de Bagdad. Dynasties turques et arabes en Asie et en Afrique.
962.	Origine de l'empire d'Allemagne, et sa prépondérance sous les Ottons ou la dynastie saxonne, depuis Otton le Grand (936) jusqu'à Henri II (1024). Villes.
	Progrès du christianisme dans la Germanie septentrionale et orientale, dans le Danemarck, dans la Bohème, la Pologne, la Russie et plus tard dans la Hongrie.
	Les Tartares dans le nord de la Chine.
	Puissance des grands vassaux en France.
987.	Chute des Carlovingiens. Triomphe de la féodalité. Avénement des Capétiens.
	Conquêtes des Normands, des Danois et des Russes.

1000.

	Puissance des Gaznevides et des Fatimites en Orient. Conquête de l'Hindostan par Mahmoud de Gazna. L'islamisme y pénètre. Ferdousi, l'Homère persan.
	Pélerinage des Chrétiens et des Arabes.
	Le christianisme en Suède, en Norwége, en Islande, en Russie.
1029 et suiv.	Établissement des Normands dans la Basse-Italie et plus tard en Sicile.
1000 - 1035.	Toute l'Espagne chrétienne réunie momentanément sous un même sceptre, et redivisée ensuite en plusieurs royaumes, Aragon, Castille, Navarre.
	Commencement de l'architecture gothique.

1024 et suiv.	Dynastie salique ou de Franconie, en Allemagne. Époque brillante de l'empire germanique sous les deux premiers empereurs de cette dynastie, Conrad le salique et Henri III. Écoles et commerce chez les Slaves.
1037 - 1092.	Puissance des Turcs Seljoucides en Asie. Togrul-Beg. Alp-Arslan. Malek-Schah. Démembrement de l'empire, d'où sort le Sultanat de Roum ou d'Iconium dans l'Asie mineure. École de Bagdad. École de Salerne.
1057 et suiv.	Lustre de la maison des Comnènes dans l'empire grec.
1066.	Conquête de l'Angleterre par les Normands français sous Guillaume le Conquérant.
1074 et suiv.	Prépondérance de la puissance des papes en Occident depuis le pontificat de Grégoire VII. Querelle des investitures. Décadence du pouvoir impérial.
1096 et suiv.	Commencement des croisades, prêchées par Pierre l'Hermite et par le pape Urbain II. Prise de Jérusalem par les Chrétiens. Royaume de Jérusalem. Godefroi de Bouillon, etc. Ordres religieux et militaires. Commencement de la chevalerie. Tournois. Noms de famille, etc. Philosophie scolastique. Réveil de la civilisation en Europe.
1100.	
	Commencement des troubadours. Républiques d'Italie.
1108 et suiv.	Affranchissement des communes en France sous Louis VI, dit le Gros, et ses successeurs. Enseignement du droit romain à Bologne, par Irnerius.
1127 et suiv.	La Sicile et Naples réunis en un royaume sous les princes normands.

1138.	Avénement de la maison de Hohenstaufen, ou de Souabe, au trône d'Allemagne.
	Origine des Guelfes et des Gibelins.
1139.	Origine du royaume de Portugal sous Alphonse I.
1147.	Deuxième croisade, prêchée par S. Bernard et entreprise par Louis le Jeune et Conrad III.
1167 et suiv.	Ligue de Lombardie contre l'empereur Fréderic Barberousse. L'Italie combat pour secouer le joug des Allemands.
1171.	Origine des Vaudois et des Albigeois.
1189 et suiv.	Troisième croisade. Fréderic Barberousse, Philippe-Auguste, Richard Cœur-de-Lion. Puissance de Saladin en Orient.
	Les *Minnesinger* en Allemagne, sous la protection des Hohenstaufen.
	Progrès du tiers-état et de la puissance royale en Occident, où la féodalité commence à s'affaiblir.
1198.	La puissance des papes arrive à son plus haut point sous Innocent III. Croisade contre les Albigeois. Origine de l'inquisition.

1200. ────────────────────────

	Première mention de la boussole.
	Fondation de l'université de Paris. Origine des universités, qui, dans ce siècle et dans les suivans, contribuent puissamment aux progrès de la civilisation européenne.
1204 et suiv.	Quatrième croisade. Prise de Constantinople par les croisés.
	Démembrement de l'empire grec.
	Empire des Latins jusqu'en 1261, où l'empire grec est rétabli.
	Commerce maritime de Venise et de Gênes.
1200 - 1220.	Puissance des Chowaresmiens dans l'Asie occidentale.
	Conquêtes des Mongols dans toute l'Asie, y

	compris la Chine, et dans l'Europe orientale, sous Dchingis-Khan et ses successeurs, Octaï, Mangou, Houlagou, Koublaï. Culte du Dalaï-Lama.
1217.	Cinquième croisade.
1220.	Prépondérance du Danemarck dans le Nord.
	Divisions dans l'empire d'Allemagne sous Fréderic II.
1215 et suiv.	Affermissement de la liberté anglaise. Grande Charte.
1228.	Sixième croisade.
1230 - 1283.	Conquête de la Prusse par les chevaliers de l'ordre teutonique, qui y établissent le christianisme.
Vers 1241.	Ligue hanséatique.
	Factions des Guelfes et des Gibelins dans les républiques d'Italie.
1248 et suiv.	Septième croisade sous S. Louis. Législation de ce prince.
	Grande anarchie en Allemagne après la chute des empereurs de la maison de Souabe.
1273.	Rodolphe de Habsbourg.
1270 et suiv.	Fin des croisades et de la puissance des chrétiens en Orient.
	Ce siècle est déjà remarquable par les progrès de l'industrie, du commerce, des arts, des sciences, des lettres et des institutions sociales. En général, les croisades ont imprimé à l'esprit humain en Europe un nouvel élan.

1300. ——————————————————————————————

4.ᵉ PÉRIODE.

Vers 1300.	Puissance des Mamelouks dans l'Asie antérieure et en Egypte.
	Fondation de l'empire des Turcs ottomans en Bithynie. par Othman.

Décadence de la puissance pontificale sous Boniface VIII , par suite des querelles de ce pape avec Philippe le Bel. Le tiers-état acquiert de l'importance.

Époque florissante pour le Portugal.

1308. Origine de la confédération hélvétique , qui résiste aux empiétemens de la maison de Habsbourg-Autriche.

1309 - 1376. Les papes à Avignon.

Perfectionnement de la boussole par Flavio Gioia.

Invention de la poudre à canon et du papier.

Affaiblissement du Danemarck et de la France.

1328 et suiv. Rivalité de la France et de l'Angleterre.

Prépondérance de cette dernière. Philippe de Valois. Jean. Charles V. Duguesclin. Édouard III. Le prince Noir, etc.

1345. Première mention de la poudre à canon en France.

1349. Peste en Europe.

1300 - 1400. L'empire grec harcelé par les Turcs ottomans, qui prennent pied dans ses provinces d'Europe.

Origine des Janissaires.

1360. Wiclef prêche la réforme religieuse en Angleterre.

1378 et suiv. Grand schisme d'Occident.

État florissant de la ligue hanséatique.

Le christianisme en Lithuanie.

1397. Union de Calmar, qui réunit les trois royaumes du Nord sous Marguerite de Waldemar.

1370 - 1405. Conquêtes de Tamerlan et des Tartares en Asie.

14.ᵉ siècle. Progrès croissans des lettres, des arts et des sciences, surtout en Italie, où ce mouvement est favorisé par l'état social.

Années après J.-C.	
1400.	
	Jean Huss, réformateur à Prague, en Bohème.
1409 - 1414.	Conciles de Pise, de Constance et de Bâle. Fin
1431 - 1449.	du grand schisme, suivi d'un petit schisme, terminé en 1449.
	Décadence de la puissance mongole.
	Puissance des Turcomans dans l'Iran.
	Les guerres anglaises continuent en France sous CharlesVI et CharlesVII. Jeanne d'Arc (1429).
1410 - 1420.	Peinture à l'huile. Les frères Van-Eyck.
	Époque florissante du duché de Bourgogne et des Pays-Bas, de la Hongrie et de la Pologne.
1430 et suiv.	Découvertes des Portugais dans l'Océan Atlantique.
1436.	Invention de l'imprimerie à Strasbourg, par Jean Guttenberg de Mayence.
1438.	Avénement définitif de la maison d'Autriche en Allemagne.
1453.	Prise de Constantinople par les Turcs ottomans sous Mahomet II. Fin de l'empire grec.
	Un grand nombre de savans grecs se réfugient en Italie.

HISTOIRE MODERNE.

1.re PÉRIODE.

1480.	La Russie délivrée des Tartares sous Ivan III Wasiliewitsch.
1479 - 1492.	Toute l'Espagne chrétienne et musulmane réunie sous le sceptre de Ferdinand le Catholique et d'Isabelle. Inquisition.
	Abaissement de la féodalité et développement de la puissance royale dans tous les états de l'Europe, principalement sous Louis XI, Ferdinand le Catholique, Henri VII, Maximilien Ier, etc.

1492 - 1498. | Découverte de l'Amérique par Christophe Colomb et de la route maritime aux Indes par le cap de Bonne-Espérance, par Vasco de Gama.

Pendant ce siècle, progrès de la civilisation réfléchie, plus marqués encore que dans les deux précédens. Renaissance de la littérature ancienne et des arts en Europe. Siècle des Médicis, continué plus tard par Léon X et François Ier

1494 et suiv. | Guerres d'Italie. Commencement du système de l'équilibre politique.

Naissance du système colonial.

1500. ——————————————————————

Conquêtes des Espagnols en Amérique, et des Portugais aux Indes orientales. Extension du christianisme dans les deux hémisphères. Changement dans la balance politique et commerciale des états de l'Europe.

1516 et suiv. | Prépondérance menaçante de la maison d'Autriche en Europe, contenue par sa rivalité avec la France. Charles-Quint et François Ier

Pontificat du pape Léon X. Époque brillante des arts et des lettres, en Italie.

1517 et suiv. | Réformation religieuse de Luther, Zwingli et Calvin. Une grande partie de l'Europe se détache de la cour de Rome. Importance de cette révolution, analogue à celle qui s'opère dans le monde savant et fondée comme elle sur les progrès de la réflexion.

1519. | Premier voyage autour du monde par Ferdinand Magellan.

1524 et suiv. | Fin de l'union de Calmar dans le Nord.

1520 - 1566. | Époque brillante de la puissance ottomane en Orient.

Décadence de la Pologne.

1526.	Le sultan Babour, descendant de Tamerlan, fonde aux Indes le puissant empire du Grand-Mogol.
1540.	Origine de la société des Jésuites, fondée par Ignace de Loyola.
1546 et suiv.	Guerres de religion en Allemagne. Puissance croissante de la Russie.
1562 - 1595.	Guerres de religion en France, terminées sous Henri IV.
1566 et suiv.	Révolte des Pays-Bas contre Philippe II, roi d'Espagne. République de Hollande. Rivalité de la marine anglaise et de la marine espagnole.
1572 et suiv.	Commencement de la décadence des Turcs ottomans.
1580.	Le Portugal et ses colonies soumis à l'Espagne. Puissance en Orient des Grands-Mogols de l'Inde et des Sophis de Perse.
1581.	La Sibérie découverte et conquise par les Russes.
1528.	Réforme du calendrier par le pape Grégoire XIII. Le seizième siècle est marqué par le progrès toujours croissant des lettres et des arts, et par le développement de l'esprit d'examen.

1600. ——————————————————

1602 et suiv.	Les Anglais et les Hollandais renversent peu à peu dans l'Inde la puissance portugaise. Décadence de la puissance espagnole.
1600 - 1660.	Guerres pour la succession de Suède et de Pologne.
1618 - 1648.	Guerre de trente ans, à la fois politique et religieuse.
1624 - 1642.	Ministère du cardinal de Richelieu en France. Politique de cabinet. Ambassadeurs permanens.
1640.	Le Portugal reprend son indépendance.
1644.	Conquête de la Chine par les Tartares Mantchoux. Sous cette dynastie, encore régnante,

la Chine a repris la suprématie dans toute l'Asie centrale.

1648. Paix de Westphalie. Abaissement de la maison d'Autriche. Liberté de conscience. Nouveau droit public. Équilibre européen.

2.ᵉ PÉRIODE.

1643 - 1700. Siècle politique et littéraire de Louis XIV. Prépondérance de la France et de la Suède.

1649 - 1688. Révolution d'Angleterre. Cromwell, les Stuarts, Guillaume III d'Orange.

Rivalité de la marine anglaise et hollandaise.

1689 - 1725. Développement de la puissance et de la civilisation de la Russie, sous Pierre le Grand.

Le dix-septième siècle est remarquable par la continuation des progrès de la littérature, des arts, des sciences et de la philosophie, en même temps que par son caractère religieux.

1700. ————

1700 - 1721. Guerre du Nord, et guerre de la succession d'Espagne.

Humiliation de la France et de la Suède.

1714 - 1721. Ces deux états cessent d'être prépondérans.

Paix d'Utrecht. Paix de Nystadt. L'équilibre politique rétabli en Europe.

3.ᵉ PÉRIODE.

Faiblesse de la Turquie et de la Pologne.

1701 - 1786. La Prusse s'érige en royaume et devient puissante, surtout sous Fréderic le Grand.

1736 et suiv. Puissance de la Perse dans l'Orient.

Despotisme maritime de l'Angleterre.

1757 et suiv. Ses découvertes et ses succès croissans dans l'Inde et dans l'Océanie.

Affaiblissement de la Hollande.

Désordre, pendant toute cette période, dans les finances de France, et préludes d'une crise.

	Agrandissement de puissance de la Russie.
1764 - 1773.	Expulsion des Jésuites, dont l'ordre est aboli par le pape Clément XIV (1773).
1765 et suiv.	Commencement de la réaction du Nouveau-Monde contre l'Ancien.
1775 et suiv.	Guerre d'Amérique. Indépendance des États-Unis. Washington, Lafayette.
1772 - 1795.	Dissolution et partage de la Pologne.
	Philosophie du dix-huitième siècle. Culture de réflexions et d'analyse. Progrès des sciences de fait, d'observation, de calcul, etc.
	Déclin des anciennes institutions, des anciennes mœurs, de l'esprit religieux.
	Mouvement général de liberté et d'indépendance.

4.e PÉRIODE.

1789 et suiv.	Révolution française. Chute de la monarchie absolue. Gouvernement représentatif. République française.
	Coalitions successives des puissances européennes contre la France.
	Victoires et conquêtes.
1799.	Expédition de Napoléon Bonaparte en Egypte.

1800.

1804 et suiv.	Ascendant européen et puissance colossale de l'empereur Napoléon. Son grand empire. Ses réformes, ses institutions, ses conquêtes, son despotisme militaire. Refonte du système politique de l'Europe. Système continental et fédératif, etc.
1810 et suiv.	Insurrection des colonies espagnoles en Amérique. Fondation de nouveaux états indépendans dans cette partie du monde. Bolivar.
1813.	Réaction européenne contre Napoléon et la France.
1814 - 1815.	Chute du grand homme et du grand empire.

	Restauration. Charte de Louis XVIII.
	Équilibre européen rétabli.
	Sainte-Alliance. Rétablissement de l'ordre des Jésuites.
1815 - 1830.	Fermentation des élémens anciens et nouveaux de civilisation, rapprochés et mis en hostilité sourde par la restauration.
1820 et suiv.	Crises diverses. Révolutions et contre-révolutions d'Espagne, de Portugal, de Naples, de Piémont, etc.
1821 et suiv.	Insurrection contre les Turcs et affranchissement de la Grèce.
	Ce premier quart du dix-neuvième siècle est remarquable par le progrès des sciences, de l'industrie, etc.: par la tendance des esprits, dans les deux mondes, vers une civilisation plus libre, plus complète et plus générale que celle des époques précédentes, et par la dissémination extraordinaire des livres sacrés du christianisme sur tous les points du globe.
1830.	Révolution mémorable de 1830.

LISTE

De quelques ouvrages propres à faciliter l'étude des matières indiquées succinctement dans cette Introduction à l'histoire générale.

SUR LA PHILOSOPHIE DE L'HISTOIRE.

Ouvrages écrits en français ou traduits en français.

BOSSUET, Discours sur l'histoire universelle.

TURGOT, Divers discours et opuscules dans le tome II de ses OEuvres complètes, en 10 vol. in-8.°, Paris 1810 (Ces opuscules datent de 1750 — 1754).

MONTESQUIEU, De l'esprit des lois.

FERGUSON, Essai sur l'histoire de la société civile; traduit de l'anglais, 1767.

PRIESTLEY, Discours sur l'histoire, traduit de l'anglais.

KANT, Divers opuscules traduits de l'allemand, par VILLERS, dans le tome II du *Conservateur*, publié par François de Neufchâteau en l'an 8.

Ancillon, Sur la philosophie de l'histoire, sur la perfectibilité, sur les grands caractères, etc. (Voyez ses Mélanges de litt. et de philos., 2 vol. 1809, et ses Nouveaux mél., 2 v., 1817.)

Mme de Stael, De la littérature considérée dans ses rapports avec les institutions politiques; et ses autres ouvrages, *passim.*

Walkenaer, Essai sur l'histoire de l'espèce humaine.

Ch. Comte, Traité de législation; 4 vol. in-8.°, Paris, 1827.

Herder, Idées sur la philosophie de l'histoire, trad. de l'allemand, avec une introduction, par Edgar Quinet, 3 vol. in-8.°, Paris et Strasbourg, 1827.

Vico, Principes de la philosophie de l'histoire, traduits de l'italien, de la *Scienza nuova,* et précédés d'un discours sur le système et la vie de l'auteur; par Jules Michelet, un vol. in-8.°, Paris, 1827.

V. Cousin, Cours de philosophie professé à la faculté des lettres de Paris, depuis 1828, surtout le 1.er vol., intitulé : Introduction à l'histoire de la philosophie; Paris, 1828.

Balanche, OEuvres complètes, comprenant entre autres la Palingénésie sociale, Orphée, etc. Paris, 1830. Tous les volumes n'ont pas encore paru.

E. LERMINIER, Introduction générale à l'histoire du droit; un vol. in-8.°, Paris, 1829.

E. QUINET, La Grèce moderne, dans ses rapports avec l'antiquité; avec deux appendices sur la Nature et sur l'Histoire, dans leurs rapports avec les traditions religieuses et épiques; un vol. in-8.°, Paris et Strasbourg, 1830.

Ouvrages allemands.

ISELIN, *Ueber die Geschichte der Menschheit* (Sur l'histoire de l'humanité; 2 vol. 1764-1784).

MEINERS, *Grundriss der Geschichte der Menschheit* (Esquisse de l'histoire de l'humanité). 1785.

LESSING, *Die Erziehung des Menschen-Geschlechts* (l'Éducation du genre humain). 1780-1785.

HERDER, *Ideen zur Philosophie der Geschichte der Menschheit;* 4 vol. (Idées sur la philosophie de l'histoire). C'est l'ouvrage traduit en français par Edg. Quinet.

— *Briefe zur Beförderung der Humanität;* et

plusieurs autres écrits de Herder sur la philosophie et l'histoire.

Kant, *Vermischte Schriften* (Mélanges).

Fichte *und* Niethammer, *Philosoph. Journal;* 1798. *St.* 2, *S.* 136 : *Ist eine Philosophie der Geschichte möglich?* (Une philosophie de l'histoire est-elle possible?)

Stutzmann, *Philosophie der Geschichte der Menschheit* (Philosophie de l'histoire), 1808. D'après les idées de Fichte.

Schelling, *Vorlesungen über die Methode des academischen Studiums;* 1 vol. Tub., 1799. (Leçons sur la méthode des études académiques); et ses autres ouvrages, *passim.*

Molitor, *Ideen zu einer künftigen Dynamik der Geschichte* (Idées pour servir à une dynamique future de l'histoire). D'après les vues de Schelling. Francfort, 1805.

Jenisch, *Universal-historischer Ueberblick der Entwickelung des menschlichen Geschlechts,* *etc.* (Coup d'œil sur le développement du genre humain dans l'histoire universelle); 2 vol. Berlin, 1801.

Wachsmuth, *Entwurf einer Theorie der Geschichte* (Théorie de l'histoire); 1 vol. in-8.° Halle, 1820.

Hegel, *Encyclopädie der philosophischen Wissenschaften* (Encyclopédie des sciences philosophiques); à la fin. Berlin, 1827.

—, *Grundlinien der Philosophie des Rechts* (Principes fondamentaux de la philosophie du droit); à la fin. Berlin, 1821.

Henning, *Principien der Ethik in historischer Entwickelung* (Principes de la morale dans leur développement historique). Berl. 1824. 1 vol. Application des idées de Hegel.

Gans, *Das Erbrecht in weltgeschichtlicher Entwickelung* (Le droit de succession et son développement dàns l'histoire du monde); 3 vol. Berlin, 1824 et suiv. C'est aussi une application du système de Hegel.

Frid. Schlegel, *Philosophie der Geschichte, in 18 Vorlesungen, gehalten in Wien, im Jahr 1828*; 2 vol. in-8.° Vienne, 1829. (Philosophie de l'histoire en 18 leçons, professées à Vienne en 1828.)

Heinroth, *Pisteodicee, oder Resultate freyer Forschung über Geschichte, Philosophie und Glauben*; 1 vol. in-8.° Leipzig, 1829. (Pistéodicée, ou Résultats d'une libre investigation sur l'histoire, la philosophie et la foi.)

Goerres, *Ueber die Grundlage, Gliederung und Zeitenfolge der Weltgeschichte*; drey

Vorträge, gehalten an der Ludwig-Maximilians-Universität in München; in-8.° broch. Breslau, 1830. (Sur la base, la division et la succession chronologique de l'histoire du monde; trois leçons professées à l'université de Munich.) Voyez aussi les autres ouvrages de Gœrres, *passim.*

Ouvrages anglais.

Les ouvrages cités plus haut de Ferguson et de Priestley.

Dunbar, *Essays on the History of mankind;* in-8.° Lond., 1780. (Essais sur l'histoire de l'humanité.)

Millar, *Observations concerning the distinction of ranks in society;* Lond., 1771. (Observations sur la distinction des rangs dans la société.)

Home, *Sketch of the history of man;* 4 vol. (Esquisse de l'histoire de l'homme.)

Ouvrages italiens.

J. B. Vico, un grand nombre d'ouvrages, et en particulier la *Scienza nuova,* dont M. Michelet a donné la traduction et l'extrait. Voyez plus haut.

Genovesi, différens ouvrages de philosophie, et particulièrement sa *Diceosine* ou science des droits et des devoirs de l'homme; 1767, surtout tome 3.

Aurelio de Giorgi Bertolo, *Della philoso-phia della storia* (De la philosophie de l'histoire); 3 vol. in-8.° Pavie, 1787.

Mario Pagano, *Saggi politici* (Essais politi-ques), d'après les idées de Vico, modifiées par l'esprit français du 18.ᵉ siècle.

Cataldo Jannelli, Essai sur la nature et la nécessité de la science des choses et his-toires humaines; 1817. Aussi d'après les idées de Vico.

Sur la critique historique, la méthode,
les sciences auxiliaires, etc.

Freret, Réflexions sur l'étude des anciennes histoires et sur le degré de certitude de leurs preuves. (Mémoires de l'Académ. des inscript., tom. 6.)

Griffet, Traité des différentes sortes des preuves qui servent à établir la vérité de l'histoire. Liége, 1770.

Les travaux analogues d'Eisenhardt, de Stru-vius, de Pouilly, d'Ernesti, de Gatterer, de Griesbach, etc.

Daunou, Cours d'histoire au Collége de France (dans le Journal des cours publics, 1822).

Les méthodes de Bodin, de Lenglet Dufresnoy, etc.

Les traités de Lucien, de Vossius, de Mably,
etc., sur la manière d'écrire l'histoire.

Enfin, les ouvrages suivans sur les sciences
auxiliaires de l'histoire :

Schmidt, *Handbuch der vorzüglichsten historischen Wissenschaften* (Manuel des principales sciences historiques).

Fessmaier, *Grundriss der historischen Hülfs-
wissenschaften* (Esquisse des sciences auxiliaires de l'histoire). Landshut, 1802; in-8.°

Fabri, *Encyclopedie der historichen Wissenschaften* (Encyclopédie des sciences historiques). Erlangen, 1808; in-8.°

Rühs, *Entwurf einer Propœdeutik des historischen Studiums* (Projet d'une introduction
préparatoire aux études historiques); in-8.°
Berlin, 1811. Un des meilleurs.

Klein, *Handbuch der historischen Wissenschaften* (Manuel des sciences historiques).
Leipzig, 1825.

Sur la géographie physique et les révolutions du globe.

Lamouroux, Résumé d'un cours élémentaire
de géographie physique; un vol., Caen, 1821.

Malte-Brun, Précis de la géographie universelle; 8 vol. avec atlas.

— L'abrégé du même en 2 vol. in-8.°, 1830.

C. Ritter, *Die Erdkunde im Verhältniss zur Natur und zur Geschichte des Menschen, etc.* (Géographie générale comparée, ou description de la terre relativement à la nature physique et à l'histoire de l'homme) 2 vol., Afrique et Asie, 1817, 1819 et 1822.

Alex. de Humboldt, *Natur-Gemälde* (Tableaux de la nature), 2 vol. écrits en allemand par l'auteur et trad. en français par M. Eyriès.

George Cuvier, Discours sur les révolutions du globe, servant d'introduction aux Recherches sur les ossemens fossiles, etc. Publié aussi séparément.

Bertrand, Lettres sur les révolutions du globe; 1 vol., 1828.

Les travaux de MM. Ad. Brongniart et Gaspard de Sternberg sur la botanique antédiluvienne.

Link, *Die Urwelt, etc.* (Le monde primitif et l'antiquité expliqués par l'histoire naturelle), Berlin, 1821, in-8.°

De Lacépède, Ages de la nature; 2 vol. in-8.°, Paris et Strasbourg, 1829.

CLASSIFICATION DES PEUPLES D'APRÈS LES RACES PHYSIQUES ET D'APRÈS LES LANGUES.

Buffon, Histoire naturelle de l'homme.

Linnæi *Systema naturæ*.

Zimmermann, Histoire géographique de l'homme et des animaux, 1778, Leipzig (en allemand).

Blumenbach, *De generis humani varietate nativa*.

George Cuvier, Le règne animal classé d'après son organisation, tome I.er 1817.

De Lacépède, Histoire naturelle de l'homme; un vol. in-8.°, Paris et Strasbourg, 1827, et Dictionnaire des sciences nat., art. *Homme*.

Virey, Histoire naturelle du genre humain, Paris, an 9.

Les travaux de MM. Bory de Saint-Vincent, Desmoulins, Prichard, etc.

Edwards, Des caractères physiologiques des races humaines, considérées dans leurs rapports avec l'histoire; Paris, 1829, in-8.°

Cf sur l'importance des races en histoire : Aug. Thiery, Histoire de la conquête de l'Angleterre par les Normands; Lettres sur l'histoire de France, 1827.

Amédée Thierry, Histoire des Gaulois, introduction; 1828.

Les ouvrages allemands d'Ottfried Muller, sur les Minyens, les Doriens, les Étrusques.

Adelung et Vater, *Mithridates, oder allgemeine Sprachenkunde* (Mithridates, ou linguistique générale, etc.); Berlin, 1806.

Schœll, Tableau des peuples qui habitent l'Europe, classés d'après les langues qu'ils parlent et les religions qu'ils professent; 1 vol. in-8.°; 1812.

G. Klaproth, *Asia polyglotta*; in-4.°, avec atlas, 1823.

Adrien Balbi, Atlas ethnographique du globe, ou classification des peuples anciens et modernes d'après leurs langues; Paris 1826, un vol. avec atlas.

Sur la chronologie.

Gatterer, *Abriss der Chronologie* (Esquisse de chronologie); Gœtt., 1777, in-8.°

Hegewisch, *Einleitung in die Chronologie* (Introduction à la chronologie); 1811.

Schœll, Élémens de chronologie historique.

Champollion-Figeac, Résumé de chronologie historique; 1 vol. in-32, 1830; 42.° livraison de l'Encyclopédie portative.

Ideler, *Handbuch der mathematischen und technischen Chronologie* (Manuel de chronologie, etc.); 2 vol. in-8.° Berlin, 1825.

Les travaux chronologiques de Scaliger, d'Usserius, de Petau, de Marsham, de Newton, de Dodwell, de Desvignoles, de Freret, de Larcher, de Volney, de Pilgram, etc.

Lenglet Dufresnoy, Tablettes chronologiques de l'histoire universelle; 2 vol. 1744-1808.

Blair, Tablettes chronologiques de l'histoire universelle, traduit de l'anglais; in-4.° Paris, 1755.

Koch, Tablettes chronologiques de l'histoire universelle; édition in-8.° de 1813.

Lesage (Las-Cases), Atlas historique, généalogique et géographique; in-folio.

Buret de Longchamps, Fastes universels ou tableaux historiques, chronologiques et géographiqees; 6 grands cahiers in-folio, 1821.

Fr. Lamp, Tables synchronistiques de l'histoire universelle in-4.°; Strasbourg, 1825.

Jarry de Mancy, Atlas historique et chronologique des littératures anciennes et modernes, des sciences et des beaux-arts, in-fol.

Wedekind, Tables chronologiques (en allem.). 1818.

Bredow, *Weltgeschichte in Tabellen* (l'Histoire universelle en tableaux). Altona, 1816, atlas in-folio.

Lilienstern, Universal-historischer Atlas (Atlas historique universel). Berlin, 1827, avec cartes.

Nicolaï Nissen, *Synchronistische Tabellen der Universal-Geschichte* (Tables synchronistiques de l'histoire universelle); 21 tableaux in-folio. Gœttingue, 1828.

Sur l'histoire générale.

Histoire universelle, par une société de gens de lettres, traduite de l'anglais en français et en allemand, avec des continuations très-importantes.

L'art de vérifier les dates, par les Bénédictins.

Voltaire, Essai sur l'esprit et les mœurs des nations.

Millot, Élémens d'histoire générale.

Condillac, Cours d'études à l'usage du prince de Parme (histoire générale).

Anquetil, Précis de l'histoire universelle.

Roustan, Abrégé de l'histoire universelle; 1790.

Condorcet, Esquisse des progrès de l'esprit humain. 1795.

Ferrand, Esprit de l'histoire.

Jean de Muller, Histoire universelle; 4 vol., trad. de l'allemand par Hess, de l'ouvrage intitulé : *Vier und zwanzig Bücher allgemeine Geschichte.*

La suite des quatre Précis sur l'histoire ancienne, romaine, du moyen âge et moderne, par MM. Poirson et Cayx, Durozoir et Dumont, Desmichels, Michelet.

Ségur, Abrégé de l'histoire universelle, 1817-1829; non achevé.

Malapeyre, Histoire des institutions de l'antiquité, du moyen âge et des temps modernes; 2 vol. in 32, faisant partie de l'Encyclopédie portative, 44.ᵉ et 45.ᵉ livraisons, 1830.

Gray *und* Guthrie, *Allgemeine Weltgeschichte, aus dem Englischen übersetzt,* von Heyne, Ritter, Reiske, Schroekh, etc.

Les ouvrages allemands moins étendus de Muller, de Schroeckh, de Pœlitz, de Bredow, de Rotteck, de Becker, de Wachler, de Wachsmuth, etc.; les ouvrages de Wachler, d'Eichhorn, sur l'histoire de la culture et des sciences, etc.

L'ouvrage suivant est précieux par l'immense quantité de choses qu'il renferme, et par l'indication d'une multitude de sources et autres ouvrages qui y sont cités :

Ch. Daniel Beck, *Anleitung zur genauern Kenntniss der allgemeinen Welt- und Völkergeschichte* (Introduction à la connaissance exacte de l'histoire universelle). Le 1.ᵉʳ vol. de la 2.ᵉ édition a paru en 1813, Leipzig.

Sur l'histoire ancienne.

Outre les ouvrages de Rollin, Tailhié, Crevier, Gibbon et une foule d'autres plus spéciaux, qu'il n'entre point dans notre plan de citer ici, nous nous contenterons d'indiquer les suivans :

Heeren, Manuel de l'histoire ancienne; 1 vol., trad. de l'allemand par Thurot. 1.ʳᵉ éd. 1823, 2.ᵉ éd. 1829.

Heeren, Idées sur la politique et le commerce des anciens (*Ideen über die Politik, etc., der alten Völker*); traduit de l'allemand par Suckau, 1830.

Goguet, De l'origine des lois, des arts et des sciences.

Winkelmann, Histoire de l'art chez les anciens; traduit de l'allemand.

Pastoret, Histoire de la législation.

Guigniaut, Religions de l'antiquité; trad. de l'allemand de la *Symbolik* de Creutzer, 1825.

Bouillet, Dictionnaire d'antiquités sacrées et profanes; 2 vol., 1826.

Durozoir, Cours d'histoire ancienne; plusieurs vol. in-8.°

Les ouvrages allemands de Gatterer, Schloetzer, Remer, Galetti, Luden, Raumer, Lüder, etc.

La Géographie ancienne de Strabon, traduite par Laporte du Theil, Gosselin, Koraï, Letronne; celles de Mannert et d'Uckert, en allemand, et celle de d'Anville en français, avec les cartes du même, ou les cartes allemandes de Reichardt.

Le premier volume de Malte-Brun pour l'Histoire de la géographie, etc.

SUR L'HISTOIRE DU MOYEN AGE ET L'HISTOIRE MODERNE.

Mehegan, Tableau de l'histoire moderne; 3 v., 1778.

Koch, Tableau des révolutions de l'Europe, depuis la chute de l'empire romain jusqu'à nos jours; 1807, 1813, continué par Schoell, 1824.

Hallam, L'Europe au moyen âge; traduit de l'anglais, 4 vol., 1825.

Annales du moyen âge; 8 vol. in-8.°, 1825.

De Lacépède, Histoire générale physique et civile de l'Europe; 18 vol. in-8.°, 1826.

Ancillon, Tableau des révolutions du système politique de l'Europe, depuis la fin du 15.° siècle; 7 vol. in-12, 4.v. in-8.°, 1806, 1823.

Ragon, Abrégé de l'histoire générale des temps modernes; in-8.°

Schœll, Cours d'histoire des états européens, depuis le bouleversement de l'empire romain d'occident jusqu'en 1789; 1830.

Guizot, Histoire de la civilisation moderne, cours de 1828.

Heeren, Manuel historique, ou système politique des états de l'Europe et de leurs colonies depuis la découverte des deux Indes: traduit de l'allemand, 1821, 2 vol. in-8.°

Les précis déjà cités de MM. Desmichels et Michelet, le premier sur l'histoire du moyen âge, le second sur l'histoire moderne. 1827, 1828.

Les ouvrages allemands de Rühs, de Rehm, de Luden, de Spittler, de Eichhorn, de Heeren, etc.

Précis de géographie universelle par Malte-Brun, ou l'abrégé du même. (Voy. plus haut.)

Les Atlas de Malte-Brun, de Lapie, de Brué, etc., etc.

FIN.